COLECCIÓN
EL ÁRBOL DE LA VIDA

# Simplifica tu vida con los niños

## 100 maneras de hacer más fácil y divertida la vida familiar

### Elaine St. James

ONIRO

Título original: *Simplify Your Life with Kids*
Publicado en inglés por Andrews McMeel Publishing

Traducción de Montse Gurguí

Diseño de cubierta: Víctor Viano

Ilustración de cubierta: Tuko Fujisaki / Illustration Stock

Distribución exclusiva:

Ediciones Paidós Ibérica, S.A.
Mariano Cubí 92 – 08021 Barcelona – España
Editorial Paidós, S.A.I.C.F.
Defensa 599 – 1065 Buenos Aires – Argentina
Editorial Paidós Mexicana, S.A.
Rubén Darío 118, col. Moderna – 03510 México D.F. – México

© 1998 exclusivo de todas las ediciones en lengua española:
Ediciones Oniro, S.A.
Muntaner 261, 3.º 2.ª – 08021 Barcelona – España (e-mail:oniro@ncsa.es)

ISBN: 84-89920-32-X
Depósito legal: B-32.024-2000

Impreso en Hurope, S.L.
Lima, 3 bis – 08030 Barcelona

Impreso en España – *Printed in Spain*

*A mis padres,*
*A. J. y Dorothy Kennedy*

*A mi marido,*
*Wolcott Gibbs, Jr.*

*A mis hijos,*
*Bill, Michelle, Eric y Lisa;*
*Karin, Jim, Ellen, Dave, Joanie y Joe;*
*Mark, Kathie y Bill;*
*Marisa, Tiffany, Kim y Amie*

*A sus hijos,*
*Jessie y Megan;*
*Jennifer, Seth, Corey y Chad;*
*Adrienne, Natalie y Eric;*
*Debbie, Benjamin y Elizabeth;*
*y Sam*

*A Peter, Sasha y Andrew*

*Y a todos los padres e hijos de Orcas Island*

*En cariñoso recuerdo de Sue Pettengill,*
*1942-1997*

# Índice

## Tres: LOS ENSERES

## Cuatro: LA FAMILIA CONECTADA

## Cinco: EL NIÑO INDEPENDIENTE

## Seis: *UNAS SIMPLES PRÁCTICAS DE EDUCACIÓN*

## Siete: *ESTRATEGIAS SIMPLES DE DISCIPLINA*

## Ocho: EL CONFLICTO

## Nueve: LAS CUESTIONES FAMILIARES

## Diez: LAS NAVIDADES Y LOS CUMPLEAÑOS

## Once: LA ESCUELA

## Doce: EL TIEMPO LIBRE

## Trece: LAS SALIDAS Y LOS VIAJES

## Catorce: *LA SALUD*

## Quince: *LO MÁS IMPORTANTE DE TODO*

## «¿Por qué nadie me dijo que iba a ser tan difícil?»

CUALQUIER DÍA LABORABLE, a las cinco y media de la tarde. Acabas de llegar a casa después de tu jornada de trabajo. Has ido a buscar a tu hijo de dos años a la canguro y has conseguido llegar a tiempo a la salida de la clase de ballet de tu hija de siete años. Hace quince minutos tenías que haber pasado por la piscina a recoger a tu hijo de diez, pero has perdido por completo la noción del tiempo.

Suena el teléfono y corres a contestar, esperando que tu hijo haya encontrado a alguien con vehículo que lo traiga a casa, pero es la profesora de tu hija: hay problemas en la escuela. Frenética,* buscas un bolígrafo para tomar nota y lo único que encuentras es un lápiz con la punta rota.

Escuchas la señal de una nueva llamada, le dices a la profesora que espere y adviertes que la otra llamada se equivocaba y que quería suscribirse a un periódico.

Te libras de esa llamada y el pequeño empieza a gemir. Sabes que tiene hambre y que debería empezar a cenar de inmediato, pero no puedes hacer nada hasta que termines de hablar con la maestra, vayas a buscar a tu hijo de diez años y laves los platos del desayuno.

* A fin de simplificar el texto y evitar la innecesaria duplicidad en el tratamiento, se ha optado por dirigirlo a las madres, pero obviamente los consejos proporcionados en el libro son asimismo aplicables a los padres que tienen a su cargo el cuidado de los hijos, tanto en familias monoparentales como biparentales. *(Nota del Editor.)*

Mientras intentas calmar con señas al bebé, oyes la señal de una nueva llamada. Es la delegada de curso que pregunta cuándo puede pasar a recoger las dos docenas de galletas que le prometiste para la venta de pasteles de la clase de la niña. De repente, ésta decide que es el momento de enseñarte el dibujo que ha hecho y de preguntarte si te gusta. El pequeño empieza a llorar histéricamente. Está cansado de esperar y quiere comer algo de inmediato.

Aún batallas con las dos llamadas y los dos niños cuando llega tu esposo, que reclama tu atención, la cena y un poco de paz y tranquilidad.

Saludas a tu marido y con paciencia le explicas que tiene que ir él a recoger al niño de diez años. Terminas con las llamadas y, milagrosamente, consigues servir la cena.

Cuando por fin te sientas a cenar, la situación es caótica. A los niños no les gusta lo que has cocinado, la conversación con tu marido es casi imposible y el teléfono no para de sonar.

Al terminar la cena, te sientes agotada, todo el mundo está alterado y te horroriza la idea de tener que separar a los niños del televisor, bañarlos y acostarlos.

Al fin consigues dejarlos a todos en la cama y te acuestas, pero estás demasiado cansada para dormir. Rezas en silencio para que el pequeño de dos años no se despierte a las tres de la madrugada con una pesadilla. Y te preguntas si llegará un día en que no te sientas completamente exhausta y derrotada.

Amas a tus hijos. No los cambiarías por nada del mundo, pero crees que *tiene que haber una manera más simple.*


Hay una manera más simple, hay muchas maneras más simples. Y es de ellas de lo que trataremos en este libro. En él encontrarás cien consejos prácticos para eliminar la mayor parte de las complicaciones que se dan cada día en la vida de millones de familias.

Una de las quejas más frecuentes de los padres es que les faltan horas al día para hacer todo lo que deben. Pero no sólo quieren más tiempo: desean liberar su vida de las presiones que les dificultan, cuando no les impiden, disfrutar de ella.

Sé lo que es tener una vida ajetreada. Hace años, en un momento de tranquilidad, descubrí que mi sistema de gestión del tiempo era terriblemente exigente y que, a fines prácticos, estaba encadenado a mi muñeca. Me tomé tiempo libre para pensar en lo absurdo que me resultaba tener que vivir a un ritmo que hacía que esto pareciese normal. Entonces, mi marido, Gibbs, y yo tomamos la decisión de cambiar nuestro estilo de vida para poder vivir de una manera más simple. A raíz de ello escribí *Simplifica tu vida* (Oasis, Barcelona, 1996), un librito acerca de nuestras experiencias en esta aventura.

Pronto empecé a recibir cartas de los lectores. Muchos eran padres y madres de familia que me contaban sus propias experiencias en este proceso de simplificación. En cambio, otros me preguntaban: «¿Cómo es posible vivir de una manera más simple cuando se tienen hijos?».

Sé que, con hijos o sin ellos, los principios básicos de la simplificación son los mismos: tenemos que afrontar rutinas cotidianas, nuestro trabajo, nuestros hábitos consumistas y hacer frente a las cosas que, sin pensar, vamos acumulando. Y debemos aprender a decir «no» al exceso de trabajo, al exceso de actividades sociales y cívicas que nos roban el tiempo que queremos para nosotros y nuestros hijos.

Sin embargo, simplificar la vida con los niños implica también tener que tratar muchas otras cuestiones. La fatiga crónica, la falta de tiempo y dinero y la colada perpetua son sólo el principio. Existen, además, preocupaciones constantes: ¿son felices los chicos? ¿Crecen como deberían? ¿Tienen buenos amigos, buenos modales, buenas notas? ¿Los trata bien la canguro? ¿Lo haces todo bien? Y luego están los problemas cotidianos desde los resfriados, las rabietas, la ansiedad por tener que separarse de los padres, hasta las fiestas infantiles de cumpleaños y decidir quién se sienta delante en el coche.

Mi buena amiga Vera Cole está de acuerdo con este planteamiento y estoy encantada de haber trabajado con ella en este libro. Como padres de tres hijos —Peter, de diecisiete años; Sasha, de catorce, y Andrew, de seis—, Vera y su marido, Tim, saben lo que es una vida complicada. En los últimos veinte años he visto sus vidas pasar de los primeros tiempos de felicidad de recién casados a las complicaciones cada vez más numerosas que les ha planteado seguir manteniendo sus trabajos respectivos. (Él es escritor y editor, ella escribe y da clases y es ama de casa con hijos a su cuidado.) Como muchas parejas, afrontaban con optimismo las demandas aparentemente interminables del matrimonio, los trabajos, los chicos, el dinero y las expectativas que todo el mundo tiene mientras cría a sus dos primeros hijos. Pero cuando estaban a punto de tener el tercer hijo decidieron hacerlo todo distinto: se comprometieron a empezar a vivir de una manera más simple y razonable.

*Simplifica tu vida con los niños* combina mis experiencias con la sabiduría que Vera ha adquirido en el proceso de simplificación con sus chicos. Contiene, además, muchas ideas que mis lectores, familiares y amigos han compartido amablemente conmigo.

Se trata de una guía práctica, un método de trabajo. Mi objetivo es ayudar a los padres a que encuentren tiempo libre para estar con sus hijos y hagan las cosas que verdaderamente quieren hacer. Empezaré con algunos de los problemas cotidianos que giran en torno a la rutina matinal, las tareas domésticas y la acumulación de objetos, muchos de los cuales se simplifican con relativa facilidad. Si puedes ganar tiempo en estas esferas, te costará menos afrontar cuestiones más serias como la independencia, el conflicto, la disciplina y hablar a tus hijos de las verdades de la vida, asuntos que, en una ocasión u otra, todos los padres tienen que tratar.

Criar hijos felices, sanos y equilibrados es uno de nuestros mayores retos. Los niños necesitan cantidades increíbles de amor, comprensión, paciencia, alabanzas, apoyo, orientación, respeto y reflexión. Y todas esas cosas requieren tiempo. Si puedes simplificar una o dos esferas de tu vida, mejorarás notablemente la calidad y la cantidad de tiempo que podrás dedicar a tus hijos. Y tu vida familiar será mucho más fácil y divertida. Como tiene que ser.

# 1

# La rutina cotidiana

# 1

## *Elimina la locura matinal*

PARA SIMPLIFICAR TU VIDA con los niños hay un sencillo primer paso que te ayudará a crear una rutina matinal en la que no reine la prisa.

Si estás acostumbrada a un horario muy frenético, tal vez pienses que las mañanas tranquilas son imposibles; pero te aseguro que, si haces unos pequeños cambios en el horario, el día entero será muy diferente.

He aquí algunas maneras de aliviar la locura matinal:

1. Acuéstate a una hora razonable, tanto tú como los niños, para que por la mañana nadie esté cansado o irritable. Levántate con tiempo suficiente a fin de prepararte para el nuevo día sin tener que correr. Tómate una hora para vestir y dar de desayunar a todo el mundo y para ocuparte de las emergencias de última hora.

   Estudia cuánto tiempo necesita realmente tu familia, y cambia la hora de levantarse siempre que haya variaciones en vuestro horario o en vuestras necesidades. Es posible que uno de los niños tome el autobús escolar antes que los otros o que por la mañana se mueva a un ritmo más lento.

2. Divide la responsabilidad de los niños más pequeños entre los padres y los niños ma-

yores. En la familia de Vera, cada uno ayuda al siguiente y de ese modo todos consiguen salir de casa a tiempo.

Su marido pone la radio despertador a las seis de la mañana, y después oye como Peter empieza —y termina— su ducha antes de tomar la suya. De camino al baño, despierta a Sasha. Cuando termina, comprueba que Sasha se esté vistiendo para ir a la escuela.

Mientras, Vera ya se ha preparado para el día que tiene por delante y se encarga de Andrew.

Después del desayuno, Peter coge su autobús de las siete. A las siete y media Tim lleva a Sasha a su autobús y se va al trabajo. Entonces Vera se ocupa de que Andrew esté listo para su autobús de las ocho.

3. Enseña a tus hijos a dejar preparada la ropa la noche anterior para evitar así las prisas de último momento en busca de unos calcetines limpios, un zapato perdido o la camiseta favorita. Cuando la hija de mi amiga Cyndy tenía siete años, empezó a jugar con la preparación de la ropa del día siguiente. La dejaba junto a la cama, en el suelo, poniéndola de modo que pareciese que un niño se había tumbado allí y luego había desaparecido, dejando sólo la ropa.

4. Aunque al principio pueda tomarte más tiempo, estimula la autosuficiencia y la cooperación. A los seis o siete años, casi todos los niños saben vestirse solos y prepararse los cereales del desayuno. Deja que los niños hagan todo lo que puedan por sí mismos y pide a los hermanos mayores que ayuden a los pequeños.

5. Si los niños se llevan el almuerzo a la escuela, prepáralo la noche anterior y guárdalo en la nevera. Si la comida que sirven en el colegio es aceptable, considera la posibilidad de utilizar el comedor escolar. Sale más caro, pero te ahorrarás compras de última hora, recipientes sucios y termos mohosos que hay que recuperar y limpiar cuando se los olvidan en el autobús.

6. Insiste en que todos los deberes se terminen la noche anterior para evitar que, por la mañana, el niño se lamente porque no los ha acabado o tenga que finalizar a toda prisa un trabajo de ciencias naturales que debe presentar ese día.

   Y busca un lugar adecuado donde puedan dejar las bolsas de la escuela preparadas cuando hayan terminado los deberes (en su mesa de estudio o en una mesa cercana a la puerta). Con esto se evitarán las búsquedas de última hora de libretas justo en el momento de salir a coger el autobús por la mañana.

7. Establece una política para el uso matutino del teléfono (apartado 33) y mantente fiel a ella. No hagas llamadas si no son emergencias como, por ejemplo, que uno de los niños está enfermo y no irá con el coche de los vecinos. No caigas en la tentación de responder al teléfono y utiliza el contestador automático. Pide a los familiares, amigos y colegas de trabajo que, si no es urgente, no llamen antes de las nueve de la mañana.

8. Prepara la mesa del desayuno la noche anterior, después de fregar los platos de la cena. Esto puede incluirse en la lista de tareas (apartado 10), con lo cual te será más fácil atender cuestiones importantes como tener tiempo a la hora del desayuno para hablar con los niños del día que tienen por delante. Gozarás de la oportunidad de apoyarlos y alentarlos en las dificultades que deban afrontar, como los exámenes o una exposición oral en clase.

9. Por la mañana no conectes televisores, radios, reproductores de compactos o walkmans. Son fuentes importantes de distracción que lo único que consiguen es contribuir al caos matinal.

10. Haz todo lo posible para llegar al autobús o coche escolar. Si tienes que llevar al niño en coche al colegio, el día se te complicará. Es mucho más fácil salir cinco minutos antes y poder tener una tranquila charla con el pequeño que preguntarse si ya han perdido el autobús y después tener que salir corriendo en coche hacia el colegio.

11. Pon «fregar los platos del desayuno» en la lista de tareas y asegúrate de hacerlo antes de salir de casa. Es terriblemente deprimente volver y encontrarse el fregadero lleno.

12. Si la rutina matinal se te complica a menudo, tómate tiempo para pensar en ella. Busca soluciones prácticas para tus circunstancias concretas que eliminen ese rato de locura. Haz lo necesario para poder disfrutar cada mañana de los momentos de dicha, felicidad y diversión que los niños aportan a tu vida cuando les dedicas tu tiempo y atención.

## 2

### *Simplifica las despedidas*

EN ALGÚN MOMENTO del día, deberás despedirte de tus hijos. Dejarlos puede ser una experiencia realmente traumática, sobre todo para los bebés y los niños en edad preescolar, pero pueden tomarse medidas para simplificar las cosas.

A muchos niños les resulta más fácil despedirse de papá, al que han visto ir cada día al trabajo, que de mamá, que ha sido la que los ha cuidado casi siempre en los primeros meses o años de su vida. Una manera de facilitar esas primeras despedidas es que, durante una semana, más o menos, no sea el progenitor que ha cuidado básicamente de él quien lo deje en el jardín de infancia. A veces, eso sólo ya basta.

Procura pasar cinco o diez minutos con tu hijo cuando lo dejes en la guardería. Haz lo mismo al recogerlo al final de la jornada, al menos hasta que se sienta cómodo con esa rutina. De ese modo se facilita la transición de los más pequeños de los brazos de la madre a los del cuidador profesional y, de nuevo, a los de la madre.

Sea como fuere, no des a tus hijos la oportunidad de pensar que ellos pueden elegir si te marchas o no. Si notan que dudas o que te sientes culpable, gritarán más y tendrán una rabieta. Tú te sentirás peor y tendrás que marcharte de todos modos. Cuando llegue el momento de hacerlo, despídete y vete.

Este consejo vale tanto si dejas a los niños en una guardería, en un jardín de infancia o en casa con una canguro. Tendrás que endurecer tu corazón unos momentos ante el desgarrador llanto, las mejillas con regueros de lágrimas y los brazos que se alzan, suplicándote que no te vayas. Sin embargo, el niño deja siempre de llorar en el momento en que te marchas.

Muchos padres no quieren dejar a los niños con una canguro debido a esa ansiedad por la separación. No pueden soportar la culpa cuando oyen los «¡Mamá, no te vayas!» que gritan los pequeños. Pero eso sólo dificulta la partida. Mientras, el niño ha aprendido a manipularte y estás cansada porque no tienes un momento de respiro. Los niños tienen que aprender a confiar en otros adultos, y estas separaciones ordinarias son la mejor manera de empezar.

Los niños dejan de sentir esa ansiedad a cualquier edad, por lo general entre los nueve meses y los cuatro años.

Una ansiedad aguda ante la separación puede ser señal de que el niño no está maduro para ser dejado al cuidado de otros, o de que la canguro no es cariñosa y atenta. En el peor de los casos, la canguro puede maltratarlo. Si el niño sigue llorando mucho tiempo después de tu marcha o notas algún otro cambio en la conducta cuando la cuidadora se va, será mejor que investigues los antecedentes de esa persona.

Nunca te vayas a escondidas. Di a los niños adónde vas y para qué, y cuándo volverás. Luego despídete y sal. Si te marchas a hurtadillas, la próxima vez que vayas a salir el alboroto será terrible.

Una rutina diaria regular facilita las despedidas. Los pequeños se sienten más confiados si saben lo que va a ocurrir a continuación. Al principio, intenta no apartarte del horario para que el niño sepa cuándo te marchas y cuándo regresas y pueda estar tranquilo mientras tanto.

A veces, volver a casa puede ser tan complicado como marcharse. Los niños reclaman toda tu atención, tiran de ti, se sientan en tu regazo, hablan, insisten y te acosan hasta que te consiguen. Si no te consiguen, la situación empeora y lloran y se portan mal, aunque eso implique una regañina. Con frecuencia prefieren que los regañen a que no les presten atención.

La estrategia más simple al llegar a casa es concentrarse en los niños tan pronto como cruces el umbral, antes de hacer ninguna otra cosa. Pregúntales cómo han pasado el día, léeles cuentos, juega con ellos, dibuja o participa en cualquier otra actividad que les interese. Una vez que les hayas mostrado el amor y el interés que sientes hacia ellos, te será más fácil hacer lo que sea necesario.

En el capítulo 5, abordo otras tácticas de separación que contribuirán a que tus hijos sean aún más independientes (apartado 29).

# 3

## *Cultiva las comidas familiares*

HAY MUCHOS ESTUDIOS que demuestran que el factor que más se repite en las familias felices es que comen juntas. Haz todo lo posible para poder cenar juntos y sentaros todos a la mesa como una familia, sobre todo cuando los chicos son pequeños. Al llegar a la adolescencia, sus horarios suelen impedirles cenar con los demás. Entonces reserva una noche, la de los domingos, por ejemplo, en la que la cena familiar tenga prioridad con respecto a cualquier otro tipo de actividades.

Convierte las comidas familiares en una experiencia que todo el mundo espere con ganas. Prepara los mismos alimentos para todos los miembros de la familia, pero procura que siempre haya en ellos algo que guste a cada niño en especial. Si a uno de tus hijos no le gusta lo que has cocinado, que coma una taza de cereales o que él mismo se prepare un bocadillo.

No caigas en la costumbre de preparar comida aparte para un niño quisquilloso. Si lo haces, tendrás doble trabajo en la cocina y a la hora de lavar los cacharros y alentarás una conducta exigente.

Si algunos miembros de la familia van a comer más tarde, prepara algo que se caliente con facilidad. Ten la despensa bien provista de productos como tomates enlatados, aceitunas, aceite de oliva, especias, atún, pasta y arroz para poder preparar siempre un plato rápido sin tener que correr a la tienda. O prepara grandes cantidades de potajes, sopas y estofados y congela los alimentos en porciones individuales para que puedan recalentarse y servirse con toda facilidad.

Como parte de tus tareas regulares, incluye la colaboración de los niños en la preparación de las comidas desde la infancia, pero no les transmitas la idea de que es una tarea. Hazles comprender que es un aspecto más de las cosas que hacéis juntos como familia. Al cooperar de esa manera, tendrán más tiempo para estar unos con otros, los harás más independientes (apartado 28) y con el tiempo te liberarán de tener que hacerlo todo (apartado 13).

Cuando estén todos sentados a la mesa, orienta la conversación hacia las actividades de la jornada: lo que ha hecho cada uno, dónde, por qué y con quién. Asegúrate de que todo el mundo tiene turno de palabra. No permitas interrupciones cuando alguien esté hablando. Mantén la charla haciendo preguntas, pero no presiones ni juzgues.

Enséñales los modales en la mesa que para ti son importantes con tu propio ejemplo y con un aprendizaje tranquilo y sin regañinas. «¿Cuándo es ese concierto, cariño? Ah, y no hables con la boca llena» es un tipo de frase que centra la atención en la conversación y no en la conducta.

Tal como hiciste con el desayuno, establece una política de llamadas durante la cena y asegúrate de que todo el mundo la cumple.

Al final de la comida, comprueba la lista de tareas para ver quién recoge y quién friega los platos, y ponlos manos a la obra sin que haya peleas. Ayúdalos en sus tareas cuando son pequeños y de ese modo las realizarán más deprisa y tendrán más tiempo para estar juntos como familia.

Cuando crezcan y adquieran experiencia en la cocina, podrás dejarles toda la limpieza y dedicarte a tus actividades vespertinas.

## 4

### *Establece una rutina de baño regular*

PIENSA EN LA HORA DEL BAÑO como en el primer paso para prepararlos para la noche. La mejor manera de convertir el baño en algo divertido para ellos y para ti es que el momento de tomarlo esté bien establecido.

Organiza el horario nocturno de forma que los niños sepan que el baño toca antes (o justo después) de la cena y que sepan que tienen que pasar en él un período de tiempo concreto. Si cada noche cambias la hora del baño o una noche los dejas pasarse una hora en la bañera y a la siguiente se trata sólo de que entren y salgan, el baño se convertirá en una experiencia inquietante en vez de relajante.

No te sientas obligada a bañarlos cada noche. Si tienes un horario muy apretado, hazlo cada dos días.

Tener unos cuantos juguetes interesantes convertirá el baño en una experiencia más divertida. Los patitos y demás animales de goma, los artículos de buceo y los barcos son algunas de las posibilidades. Andrew nunca se tomó los baños en serio hasta que tuvo unas gafas y un tubo para respirar bajo el agua. (Guarda los juguetes del baño en una bolsa de malla con una pequeña cuerda en la parte superior de la que poder colgarla del grifo para que se sequen.)

Y ten siempre un as en la manga: las burbujas. A los niños les encanta jugar con burbujas. Les agrada rozarlas, aplastarlas contra la pared y jugar al escondite con ellas y sus muñecos. Las burbujas pueden mantener feliz a un niño durante unos veinte minutos. Luego, cuando las últimas burbujas desaparezcan, te será más fácil sacar al niño de la bañera.

Nunca dejes a tu hijo solo en el baño. Un niño pequeño puede ahogarse en tres centímetros de agua.

Asegúrate de que el cuarto de baño tenga todo lo que los niños necesitan: una alfombrilla antideslizante en el fondo de la bañera para su seguridad, un escalón firme donde sentarse en su interior y toallas, cepillos de dientes, peines, jabón y recipientes a los que los pequeños puedan llegar.

Procura que tus hijos se acostumbren a cepillarse los dientes como parte de su rutina matinal y vespertina. Hasta que no tienen cinco o seis años, son demasiado pequeños para hacerlo bien y necesitarán ayuda. Prueba el simple juego de lavar los dientes a unos animales imaginarios. Persigue a una jirafa evasiva, corre tras un estúpido ciervo o descubre dónde se esconden esos bichos.

Mi amiga Jane convierte esta parte del aseo en un juego que tanto ella como Zach, su hija de cuatro años, esperan con ganas. «Muy bien —dice la pequeña—. Tú me coges y entre las dos los cepillamos.»

Cuando crezcan, cepíllate los dientes ante ellos para que aprendan a hacerlo correctamente. A los niños les gusta mucho imitar a sus padres. Si ven que te cepillas los dientes, seguirán el ejemplo, sobre todo si conviertes el acto en un juego divertido.

Si el pequeño decide que no quiere lavarse los dientes, recurre a las consecuencias lógicas (apartado 41). Si no se los lava, se quedará sin cuento antes de dormir, o sin postre. («Lo siento, cariño. El dentista ha dicho que si no te lavas los dientes no puedes comer dulces.»)

Convierte el baño en un ritual que tanto tú como los chicos esperéis con ganas. Aborda esos pocos preciosos momentos de intimidad y espíritu lúdico como uno de los mayores alicientes de la jornada con los niños y disfruta bañándolos hasta que sean mayores y puedan hacerlo solos.

5

## *Establece una rutina sencilla para la hora de acostarse*

PARA UN NIÑO CANSADO, acostarse y dormir puede ser tentador y delicioso, sobre todo si lo conviertes en una rutina sencilla con la que el pequeño lo pase bien. Esta rutina puede empezar con el baño, seguido de un rato para jugar, la lectura de un cuento cuando ya está acostado y unos besos antes de apagar la luz.

Procura establecer una hora razonable para ello a fin de evitar las peleas, la interferencia de los hermanos mayores, los programas de televisión perturbadores o las riñas familiares. Todas esas cosas sabotearán los esfuerzos que hagas por acostar a tu hijo de una manera sencilla.

Es importante que la hora de acostarse se mantenga fija. Decide cuándo el crío debe meterse en la cama y cuándo hay que apagar las luces, y no varíes esa hora. Excepto en ocasiones especiales, procura no alejarte del horario previsto. Los niños necesitan dormir y las rutinas regulares son buenas para ellos. Y además, es vital que tengas un rato tranquilo por la noche para recuperar la energía. Eso suele ser más fácil cuando los chicos ya están acostados.

A menudo, la hora de dormir de los niños tiene que adaptarse a los horarios de los padres. Andrew se acuesta a las nueve y la luz se apaga a las nueve y media. Para algunas familias esto tal vez sea un poco tarde, pero Tim no llega a casa hasta las siete y Vera y él quieren que Tim pase un rato con su hijo cada noche.

Sasha se acuesta a las nueve y media y apaga las luces a las diez. Los niños mayores de diez años saben acostarse solos. Lo único que necesitan son las instrucciones que les des, y un beso y un abrazo de buenas noches antes de apagar las luces. Los fines de semana, la hora de dormir puede retrasarse unos treinta minutos.

Cuando los chicos llegan a los trece o catorce años, sin duda desearás mostrarte más flexible, dependiendo de las necesidades de tus hijos, sus horarios y su grado de madurez. Por lo general, Peter se acuesta antes que sus hermanos pequeños a menos que trabaje en una de sus tareas escolares, las cuales le exigen mucho tiempo, pero hay muchos adolescentes que no se acuestan hasta altas horas de la madrugada y, si sus padres lo permiten, se pasan mucho rato al teléfono. Establece un toque de queda para las llamadas telefónicas y no permitas que tus chicos las reciban después de esa hora.

Los horarios para acostar a los niños tienen que ser realistas. Si descubres que pasas toda la velada corriendo para acostar a tus hijos a la hora fijada, retrásala quince minutos.

Después de disfrutar de unos momentos de tranquilidad juntos con mimos, besos y abrazos, de haber contado un cuento y dicho buenas noches, apaga la luz y sal del dormitorio.

Si el niño empieza a llorar con desespero o salta de la cama para correr tras de ti, vuelva a acostarlo con calma y cariño, dale las buenas noches de nuevo y sal de la habitación. Si el niño consigue sacarte unas caricias extra, una regañina, un tercer vaso de agua u otro cuento antes de dormir, habrá ganado y la batalla durará siempre.

Si continúa llorando, vuelve cada diez minutos más o menos para tranquilizarlo con tu presencia, pero no lo dejes salir de la cama ni que juegue o hable. Dale unas palmadas cariñosas en la espalda, dile buenas noches y márchate. Al principio tal vez tengas que volver a acostar a tu hijo una decena de veces, pero si te lo tomas con calma y paciencia, acabará por aprender que durmiendo solo no corre ningún peligro.

Si tu hijo es noctámbulo, no podrás obligarlo a dormir, pero sí puedes obligarlo a acostarse a una hora determinada. Luego puede jugar tranquilamente en la cama hasta que se duerma.

La hora de dormir es un momento excelente para compartir los acontecimientos del día con los niños, disfrutar de los cuentos y los momentos tranquilos sin interrupciones y enseñarles a reflexionar sobre lo ocurrido ese día y sobre la vida en general. Y para ti supone una magnífica oportunidad de poder ver el mundo con sus ojos infantiles. Establece una rutina sencilla y agradable para la hora de dormir que tanto tú como tus hijos disfrutéis de veras.

# 6

## Un cuento especial para la hora de acostarse

«ÉRASE UNA VEZ, en un país muy lejano...» Cuántas imágenes evocan estas sencillas palabras: recuerdos de historias contadas a menudo, posibilidades exóticas de nuevas y excitantes aventuras, personajes familiares como la princesa encantada o fieros dragones, tierras distantes, mares en calma y las caras y las voces animadas de los que han narrado estas historias.

Uno de los recuerdos que más valoro son las historias para la hora de dormir que nos contaba mi padre después de apagadas las luces. Calentitos y seguros en la cama, protegidos de los duendes de la noche, acurrucados junto a un padre cariñoso, escuchábamos con atención las historias que nos contaba.

Cuando Vera y su hermana eran pequeñas, su madre les leía *Rikki-Tikki-Tavi*, de Rudyard Kipling. Un capítulo cada noche les daba la visión de la vida de un niño inglés y una mangosta que tenían que enfrentarse a feroces cobras. Vera todavía recuerda claramente las ganas que tenía de que llegara la hora de acostarse para saber cómo continuaba la historia.

Si tus padres te leían cuentos o te contaban historias antes de dormir, es posible que para ti ésos sean también unos de los recuerdos más queridos de la infancia.

Recordamos esas historias con tanta claridad debido a la riqueza de la experiencia. Constituyen los recuerdos que queremos transmitir a nuestros hijos, unos momentos de paz y de cariño juntos, unos cuentos que encienden su imaginación y que quedan grabados en su mente para siempre.

Unos estudios recientes han demostrado lo mucho que beneficia a los niños, tanto a nivel emocional como intelectual y de desarrollo, que se les lean cuentos desde muy temprana edad. Ahora sabemos que es bueno leer cuentos a los niños cuando son bebés y todavía están en la cuna. Hay unos libros de plástico con vistosos dibujos con los que disfrutan mucho, mirándolos o chupándolos, depende del humor del momento. Antes de que aprendan a hablar, pídeles que señalen objetos en los dibujos. Cuando sean más mayores, pídeles que te cuenten cosas de los dibujos.

Cuando tienen aproximadamente un año, podéis empezar a leer juntos libros más grandes. Haced excursiones a las librerías o a la biblioteca para que sean ellos quienes elijan los libros que quieren leer.

Si no estás segura de cuáles son los más indicados para la edad de tu hijo, pregunta a la bibliotecaria. Ella te dará una lista de títulos entre los que elegir.

Y no olvides contarles experiencias personales propias, tus viajes o la historia de la familia. Cuéntales una historia divertida ocurrida cuando eran bebés, o inventa una. A los niños les encanta que el personaje principal se parezca mucho a ellos.

Cuéntales la historia del día o la semana transcurridos e incluye a sus amigos en el cuento. Cuéntales historias de sus juguetes, muñecos y animales de felpa antes de que fueran «domesticados» y llegaran a la casa. Cuéntales las maravillosas historias de las andanzas nocturnas de esos personajes, cuando todo el mundo se ha dormido.

Inventa un personaje o un ser de ficción, y alienta a los niños a que cuenten su historia. Permíteles decidir lo que ocurrirá después.

Lo más importante desde el punto de vista de los niños es la intimidad que crean estas historias para antes de dormir y que la atención que sus padres les prestan es absoluta. Les enseñan y los relajan con la voz y la presencia. No tengáis prisa, no lo convirtáis en una lección de lectura ni gruñáis porque os impide ver el telenoticias de la noche o hacer el trabajo que os habéis traído de la oficina.

Esos años de intimidad son muy breves. Antes de que lo advirtáis, los niños deciden que ya son demasiado mayores para cuentos y arrumacos a la hora de acostarse. Disfrutadlos mientras duren.

# 7

## *Reserva los fines de semana a la familia*

HACE POCO, UNA MADRE TRABAJADORA con un hijo de siete años me contó sus experiencias en el proceso de simplificar la vida. Siempre le había interesado la idea de vivir de una manera más sencilla, pero le parecía un objetivo imposible. Trabajaba por su cuenta, muchas horas, y tenía muy poco tiempo libre para ella.

Un día, su hijo le preguntó: «Mamá, ¿tú nunca te sientas?».

Ella se quedó muy sorprendida por la pregunta, pero enseguida comprendió su significado: su horario era tan apretado que siempre tenía que ir corriendo de un sitio a otro y no le quedaban ratos para sentarse y charlar con él. Después de pensar en ello seriamente decidió que, mientras no pudiera reducir su trabajo semanal, haría todo lo posible por simplificar el fin de semana.

Poco a poco, introdujo modificaciones en su horario y, ahora, desde el viernes por la tarde a las cinco hasta las nueve de la mañana del lunes no contesta al teléfono; tampoco hace llamadas ni acepta invitaciones sociales. No lee la prensa ni ve la televisión ni hace recados. Si no puede hacerlos durante la semana, se quedan sin hacer.

Pasa todo el fin de semana con su marido y su hijo. Duermen hasta que ya no tienen sueño, leen y juegan juntos. A veces salen a dar un paseo o al cine, pero nunca programan nada que deba hacerse por obligación. Sus amigos saben que, a menos que se trate de una emergencia, los fines de semana no pueden contactar con ella.

El lunes por la mañana, nuestra amiga no sólo ha tenido horas de tiempo ininterrumpido para dedicarlo a la familia sino que también se siente descansada y en forma para empezar otra semana de ajetreo.

Es posible que, debido a las edades de vuestros hijos o a otras obligaciones familiares, ahora mismo no podáis simplificar el fin de semana completo, pero encontrad alguna manera de reservar unas horas para ellos o hacedlo durante otros ratos de la semana.

Una lectora que es médico de cabecera me contó que, con su marido y sus cuatro hijos, de entre doce y dieciséis años, organizan un viernes por la noche de bocadillos y cine. Preparan los emparedados y los comen mientras ven un vídeo todos juntos.

# 8

## *Tómate tiempo para ti*

Es IMPORTANTE ser realista en la cantidad de tiempo que se necesita para criar hijos sanos y felices. Tal vez ya hayas aceptado que, sobre todo mientras son pequeños, tendrás que dejar de hacer muchas cosas por el simple hecho de no disponer de tiempo.

Sin embargo, debes aprender a encontrar tiempo para ti. Caer en la costumbre de que toda tu vida gire en torno a los chicos es muy fácil y, aunque deben ser tu punto de atención principal, no tienen que ser tu único objetivo. Eso no es sano ni para ti ni para ellos.

Procura organizarte un horario en el que tengas tiempo para ti, todos los días y todas las semanas. Esto resulta absolutamente necesario si eres la persona de la que reciben los cuidados primarios. Si no te dedicas tiempo te sentirás cansada, llena de resentimientos e incapaz de proporcionar una orientación clara a tus hijos. Tienes que aprender a cuidar de ti para cuidar felizmente del resto de la familia.

He aquí unas ideas acerca de cómo encontrar ese tiempo que tanto necesitas.

Durante las dos próximas semanas, anota con detalle en qué ocupas tu tiempo cada día. Entonces piensa qué podrías eliminar como parte no esencial de tu vida.

Entre las cosas que puedes suprimir se cuentan: quedarte en la oficina más tiempo del que realmente necesitas; hacer recados innecesarios; las conversaciones inútiles por teléfono; hojear revistas y correo comercial; coladas y limpieza excesivas; ver televisión; las reuniones improductivas e innecesarias. Elimina lo que puedas y reestructura tu horario según esos cambios.

Prográmate tiempo para ti desde el principio. Cada semana siéntate con tu pareja para hablar del calendario familiar (apartado 76). Examina cuándo puedes tomarte tiempo libre y márcalo en el calendario. Tendrás que procurar que ese tiempo libre sea todos los días y todas las semanas a la misma hora para que tu familia se acostumbre a ello.

Si no incluyes ese tiempo libre en tu agenda, siempre surgirá algo que te impedirá tenerlo y con el paso de los días, las semanas y los meses cada vez te resultará más difícil tomártelo, tu familia dará por sentado que siempre estarás accesible y a ti te empezará a preocupar dejar a los niños con otra persona.

Posiblemente lo más difícil sea tomarte tiempo para ti mientras das el pecho al bebé, sobre todo en los primeros meses y si tienes un par de niños más aparte del lactante. Con su tercer hijo, Vera aprendió finalmente a hacer también la siesta cuando el bebé la hacía. Durante los primeros años de la vida de sus dos hijos anteriores se había sentido siempre al borde del agotamiento y estaba decidida a que no le ocurriera de nuevo. Para ello, dejó a los dos niños mayores al cuidado de otra persona mientras ella y el bebé dormían la siesta.

Pero incluso cuando sus dos primeros hijos eran pequeños, Vera se tomaba tiempo libre los sábados por la tarde, dejando a Peter y Sasha con su esposo, Tim. Ella se tomaba un respiro y las consecuencias de esto también eran beneficiosas para Tim y los pequeños. Éstos aprendían a separarse de su madre en un entorno seguro y comprobaban que no había problemas en el hecho de que otra persona se ocupara de ellos. Durante esas tardes de los sábados, Tim empezó a comprender lo que significaba tener hijos y a valorar los ratos que pasaba a solas con ellos.

No subestimes los beneficios que te reportará descansar sólo cinco minutos varias veces al día. Respira hondo durante un par de minutos o sal al exterior y disfruta del sol y del aire unos instantes.

Mantener la hidratación también ayuda a aliviar la fatiga. Cuando estés cansada, bebe un vaso de agua y te sentirás revitalizada.

Una manera de tener un poco de tiempo cada día para ti es utilizar los momentos de tranquilidad de la noche, cuando los demás ya están en la cama. Tim y Vera pasan un rato juntos a partir de las nueve y media, después de que los niños se hayan acostado. Tim se acuesta hacia las diez y Vera lo hace sobre las once y media. Así, Vera puede disfrutar de una tranquila hora y media para ponerse al día en su lectura, su correspondencia y hacer algunas llamadas telefónicas. Vera es un ave nocturna, por lo que ese tipo de horario le va bien.

Si eres un pájaro matutino, levántate antes que nadie. Tener media hora para tomar un café a solas te supondrá una gran diferencia. No caigas en la tentación de utilizar ese tiempo para las tareas domésticas. Eso podrás hacerlo cuando los niños ya estén despiertos, haciendo ruido y exigiendo tu atención. Ésos son unos momentos de paz en los que debes hacer cosas para renovar la psique y el espíritu.

Tal vez desde el nacimiento de tus hijos has estado tan ocupada y fatigada que has olvidado todas esas cuestiones. Dedica esos momentos a solas para disfrutar de lo que has tenido que abandonar, como la lectura, las siestas, los paseos, hacer ejercicio, cuidar el jardín o visitar a los amigos.

Y asegúrate también de hacer un hueco en tu agenda en el que tú y tu esposo podáis estar solos, sin los niños. Mis amigos Tamara y Bill lo han hecho desde que sus dos niños eran bebés. La noche de los jueves era su noche libre y no permitían que nada se interpusiera en ella.

Tamara me dice que la clave para poder hacerlo está en contratar a una canguro para todos los jueves sin excepción durante años. De esta forma ellos, los niños y la cuidadora lo saben por anticipado y no han caído en la costumbre de tener que cancelar esas salidas porque no encontraban a nadie que se quedara con los niños.

Tomarse tiempo para uno mismo y para los demás no sólo es importante para la salud y la autoestima, sino que también es un buen ejemplo para los chicos.

# 2
# Las tareas domésticas

# 9

## *Simplifica la rutina doméstica*

PREGUNTA A PADRES Y MADRES que lleven una vida ajetreada cuáles son sus principales problemas domésticos, y casi todos se quejarán de sus frustrantes intentos de mantener la casa ordenada y de tener la colada al día. Ambas cosas requieren un tiempo y una energía que casi todo el mundo preferiría dedicar a otras cosas. ¿Cómo simplificar estas tareas ineludibles?

Puedes empezar conformándote con un poco menos. Está muy bien tener una casa limpia y ordenada pero eso no significa que deba estar inmaculada. Tampoco pasa nada si no haces las camas todos los días y no cambias las sábanas todas las semanas. Limpia lo que esté sucio, pero no te excedas.

Ten a mano una escoba, un recogedor y una bayeta para los pequeños percances y enseña a tus hijos a limpiar lo que ellos han derramado, aunque sean muy pequeños y debas ayudarles.

A los siete años puedes mostrarles dónde está el aspirador y cómo funciona. Pon en la lista de tareas que pasen el aspirador por sus habitaciones, pero enséñales a recoger primero sus juguetes pequeños, sobre todo los que están compuestos de piezas desmontables, *antes* de pasar la máquina.

Enseña a tus hijos a responsabilizarse de sus propias cosas (apartado 32). Cada noche, antes de irse a la cama, hazles recorrer la casa para que recojan sus pertenencias y las guarden.

Si es posible, limita los juguetes a las habitaciones de los niños y al salón familiar. Si les permites tenerlos en otras zonas de la casa, pon cestas o muebles donde puedan guardarlos fácilmente.

Limita la cantidad de ropa que tiene cada miembro de la familia (apartado 21) y enséñales a llevarla más tiempo. Lava la ropa cuando esté sucia y no cada vez que se utilice. Por lo general, los vaqueros pueden llevarse más de una vez antes de lavarlos, y lo mismo puede decirse de la ropa exterior como los jerséis.

Haz la colada con regularidad en vez de hacerla sin orden ni concierto. Una vez a la semana es un objetivo razonable. Para que los niños no se acumulen en el cuarto de la lavadora, asígnales un día distinto a cada uno si se hacen su propia colada.

Da a cada miembro de la familia dos bolsas de red con cremallera, una para los calcetines limpios y otra para los sucios. Al terminar el día y quitárselos, deberán meterlos en la bolsa de los sucios, que se lavará y secará el día de la colada con los calcetines dentro de ella. Luego, pasará directamente al cajón de la cómoda y será la bolsa de los calcetines limpios. (Si quedaban pares limpios de la semana anterior, ponlos en la bolsa de los recién lavados.). Así no perderás tiempo ordenándolos, emparejándolos o preguntando de quién son.

Éstas son medidas pequeñas pero que, todas sumadas, te harán ahorrar tiempo y energía.

# 10

## Comparte las tareas domésticas

ADEMÁS DE ENSEÑAR a tus hijos a cuidar de su ropa y de sus pertenencias personales, se simplificará mucho tu vida si les haces participar en las tareas domésticas diarias y las semanales.

Haz una lista con las tareas rutinarias y cuélgala en un sitio visible. Ésta será la lista de las tareas obligatorias y ninguna de las que aparezcan en ella podrá ser objeto de discusión. «Ahí dice que esta noche le toca fregar los platos a Gabe.» Con esto eliminarás el componente emocional que supone tener que presionar a los niños para que cooperen. Cuanto más te ayuden, más fácil será para ti.

Divide las tareas entre los niños. A la hora de la cena, por ejemplo, uno de los pequeños vacía el lavavajillas y pone la mesa; otro la recoge después de cenar, aclara los platos y los mete en el lavavajillas. Alterna las tareas según los horarios de los niños. Otras tareas como lavar el coche o atender a los animales domésticos pueden asignarse según las necesidades.

Los padres pueden alternar la misión de controlar que todo el mundo haya cumplido con sus obligaciones para que no siempre sea el mismo el que tenga que hacer de «malo».

Haz que tus hijos colaboren en las tareas domésticas desde muy pequeños. Dales más responsabilidad a medida que vayan creciendo y sepan hacer más cosas. No esperes una perfección inmediata. Enséñales cómo quieres que se hagan las cosas y alaba sus primeros esfuerzos. Recuerda que aprender a hacer bien las cosas requiere tiempo. Una sugerencia amable siempre ayuda más que una crítica impaciente.

Hacia los siete u ocho años, los niños pueden empezar a ordenar y limpiar su habitación cada semana, recoger sus juguetes y ayudar en la colada. En el peor de los casos, pueden llevar sus prendas de vestir al cuarto de la lavadora y meterlas en el cesto de la ropa sucia, y en el mejor, hacerse su colada.

Hace años que Peter lava, dobla y guarda su ropa. La clave es tener prendas de vestir que puedan lavarse todas juntas sin que destiñan los colores y que no necesiten plancha. También es responsable de cortar el césped y de limpiar de hojas secas el jardín.

A Sasha le gusta mucho cocinar y hace muy buenas las croquetas de pollo y las galletas de chocolate. Si das a tus hijos la oportunidad de ayudar y unas herramientas a su medida, podrán colaborar en todo, desde la limpieza y la organización hasta la poda de los árboles del jardín.

Conseguir que los niños colaboren es fácil: tendrán que hacer las tareas que se les haya asignado antes de poder hacer otras cosas como ver la televisión, recibir a un amigo con el que jugar, telefonear o salir de paseo. Manténte firme, y no les quedará más remedio que hacer lo que les toque.

No aceptes excusas por no haber hecho las tareas encomendadas o haberlas dejado a medias.

Conozco a muchos padres que creen que las tareas domésticas deben hacerse antes que los deberes de la escuela. Estoy totalmente de acuerdo. De otro modo, los chicos utilizan los deberes como excusa para librarse del trabajo de la casa. Cooperar con la familia es tan importante como cualquier lección que estén aprendiendo en la escuela.

Los niños deben aprender a organizarse un horario para las tareas domésticas y las escolares. Como es natural, siempre pueden hacerse excepciones como, por ejemplo, antes de un examen importante o cuando tengan muchos deberes, pero todo el proceso se desarrollará de una manera más suave si tienen que hacer las tareas domésticas antes que ninguna otra cosa.

Si nunca les habéis pedido que colaboren, os resultará mucho más difícil que lo hagan, pero nunca es demasiado tarde para que empiecen. Sentaos a hablar con ellos y explicadles por qué todos los miembros de la familia deben cooperar y ayudar. No olvidéis que vosotros sois los adultos (apartado 50) y que tenéis derecho a esperar que cumplan las peticiones razonables que les hagáis.

# 11

## *Establece unas normas de conducta fáciles de seguir*

CAER EN LA COSTUMBRE de reaccionar ante la conducta de los hijos en vez de dejar muy claro cómo quieren que se comporten es algo que suele complicar la vida a muchos padres. Por ejemplo, en vez de pedirle a un niño que nunca dé portazos, muchos padres malgastan su energía gritando cada vez que el niño lo hace.

Al cabo de un tiempo, el niño no escucha a los padres o se altera porque está harto de que le griten. O los padres estallan porque están cansados de gritar a los chicos y no consiguen que cambien de conducta.

Tómate un tiempo para establecer unas normas que simplifiquen tu vida y la de tu familia. Procura explicar bien las normas nuevas a los niños antes de que su transgresión se convierta en un hábito.

He aquí unas normas de conducta en la vida familiar que pueden resultarte útiles. Como es natural, no tendrás que utilizarlas todas. Elige una o varias que se adecuen a tu vida doméstica o añádelas a las tuyas propias.

1. Cuando utilices un plato, enjuágalo y ponlo en el lavavajillas.
2. Cuando saques algo del frigorífico, de un armario, de un cajón o de la caja de herramientas, guárdalo en su sitio al terminar de utilizarlo.
3. Deshazte de la basura de la forma adecuada: métela en un cubo, el incinerador, la caja de compost, las cajas de reciclaje o en una papelera.
4. Limpia los mármoles de la cocina cuando termines de usarlos.
5. Come sólo en la cocina, en el comedor o en el jardín. No se puede comer en otras zonas de la casa.

6. Pide permiso cuando tomes prestado un objeto propiedad de otro miembro de la familia. Devuélvelo en el mismo estado en que lo encontraste. Si lo rompes, reponlo.
7. El tiempo que cada uno pasa en el baño es privado. Si tienes que decir algo a alguien, espera a que salga.
8. Si tienes que hablar con alguien, no grites de un lado a otro de la casa. Ve junto a esa persona y habla con ella.
9. Cierra las puertas sin dar portazos cada vez que entres y salgas de la casa.
10. Apaga las luces, el televisor, el estéreo y el reproductor de compactos cuando no los utilices.
11. Quítate el calzado sucio o mojado antes de entrar en casa.
12. Cuelga el abrigo o la chaqueta al llegar a casa. (Ten percheros al alcance de los niños para que puedan hacerlo solos.)
13. Si alguien duerme, camina de puntillas. No lo despiertes por negligencia.
14. No molestes a quien esté haciendo los deberes.
15. Si no hay un incendio en la casa, no interrumpas a nadie que esté al teléfono.
16. Nunca muevas de sitio el lápiz y la libreta que están junto al teléfono.

Al principio, tendrás que recordar a tus hijos las normas domésticas una y otra vez: «Peter, vuelve a guardar la mantequilla en la nevera, por favor». Un día descubrirás con asombro que el chico ha incorporado la norma a sus costumbres.

La manera más fácil de conseguir que los niños sigan las normas es empezar a imponérselas desde muy pequeños y continuar durante la adolescencia, reconociendo sus logros con admiración y entusiasmo. Un buen sistema es describir lo que han hecho correctamente: «Vaya, pero si has apagado las luces»; «Qué bien, has limpiado la encimera»; «No me has interrumpido ni una sola vez mientras hablaba por teléfono».

Suena muy básico, pero con ello les demostrarás que les prestas atención y a menudo intentarán seguir las normas con más ganas. El aliento y el cariño son fundamentales en la educación de un niño, y si haces un uso pródigo de ellos, tu vida familiar se simplificará considerablemente.

Y como es natural, la mejor manera de inculcar normas es predicar con el ejemplo.

Las normas de conducta doméstica estarán en constante evolución, cambiarán a medida que los niños crezcan y las viejas normas se conviertan en costumbres o sean descartadas. Para afrontar situaciones nuevas surgirán normas nuevas, como por ejemplo, cuando tu hijo empiece a utilizar el coche de la familia y deje la chaqueta, la bolsa del gimnasio y los libros en el asiento trasero. La norma nueva será: «Antes de devolver las llaves del coche, recoge tus pertenencias».

Asegúrate de que tus hijos comprenden que los amigos que traigan a casa también estarán sujetos a las normas de conducta doméstica. Si encuentras la cocina patas arriba porque uno de tus hijos se ha metido en ella con un amigo, insiste en que limpien los dos juntos. Los amigos de tus hijos, que tal vez no tengan las mismas normas de conducta que los tuyos, deben respetar tu casa y las normas de ésta. De otro modo, no serán invitados de nuevo.

Es posible que estas normas de conducta doméstica y de cortesía te parezcan muy elementales, pero a los niños hay que enseñárselas. Una vez que se convierten en costumbre para todos los miembros de la casa, la vida familiar será mucho más sencilla.

# 12

## *Aprende a hacer una sola cosa cada vez*

UNA DE LAS HABILIDADES que se desarrollan con la crianza de los hijos es la capacidad, aparentemente innata, de hacer una decena de cosas a la vez. Creemos que de ese modo podemos hacer más cosas de las que haríamos y, hasta cierto punto, es verdad. Pero hay padres y madres que han superado ese punto hace mucho tiempo y para los que hacer demasiadas cosas a la vez crea más problemas de los que soluciona.

Tómate algo de tiempo ahora mismo para pensar en el número de veces a lo largo del día en que intentas hacer demasiadas cosas a la vez y luego piensa en encontrar otra manera distinta de funcionar.

La próxima vez que derrames el café mientras conduces camino del trabajo, detén el coche y limpia lo que has ensuciado. Evita conducir con una mano mientras con la otra limpias frenéticamente el coche y tu ropa. Mejor aún, no bebas café ni ninguna otra cosa mientras conduces porque te complicarás la vida. En vez de eso, levántate de la cama con tiempo suficiente para tomar el café en casa.

La próxima vez que estés preparando la cena mientras tienes en brazos a un niño irritable, no respondas al teléfono. Deja que sea el contestador automático el que registre la llamada. Si se trata de tu hijo que necesita que alguien pase a recogerlo en coche para volver a casa, atiende la llamada. Y si, mientras estás hablando con él, oyes el aviso de una nueva llamada, no la atiendas. Lo más importante es hablar con tu hijo: todo lo demás puede esperar.

La próxima vez que te descubras leyendo una revista al tiempo que ves la televisión e intentas conversar con tu pareja mientras ayudas a tu hijo con los deberes y esperas a que llegue el momento de sacar del horno las galletas que has prometido a la clase de tu hija para el día siguiente, frena. Deja la revista, aléjate del televisor. Si no tienes tiempo de leer tus revistas, cancela las suscripciones a éstas hasta que lo tengas. Con eso evitarás montañas de papeles inútiles y una distracción más. Si tu hijo necesita ayuda con los deberes casi siempre, reserva un rato en tu agenda cotidiana para poder dedicarle toda tu atención.

Y la próxima vez que sientas la tentación de ofrecerte a preparar una ensalada para treinta personas, montar un escenario para la obra de teatro de la escuela o facilitar un informe sobre las finanzas de cualquier organización, frena. Muérdete la lengua, deja quietas las manos, mira por la ventana y márchate en silencio o di «no, gracias» y cuelga rápidamente. Toma las medidas oportunas para no comprometerte a hacer un trabajo para el que no tienes tiempo y que te dejará sin energías para tu familia.

Con esto no quiero decir que nunca debas ofrecerte voluntaria. De hecho, a medida que vayas simplificando tu vida y dispongas de más tiempo para ti y los tuyos, el voluntariado puede convertirse en una parte importante de tu vida familiar. Y enseñarlo a tus hijos (apartado 80) será una importante contribución a las vidas de éstos. Pero tú y ellos iréis aprendiendo a dar de todo corazón, y serás capaz de escapar a la sensación de pánico que experimentas cuando haces demasiadas cosas a la vez.

No tienes que resolver todos los problemas del mundo hoy mismo: ya habrá tiempo para eso. No olvides que la mayor contribución que puedes hacer es criar unos hijos sanos y felices que, por el ejemplo que reciben de ti, sepan crear alegría, satisfacción y equilibrio en sus vidas. Un buen punto de partida es no hacer más de una cosa, o dos o tres, a la vez.

# 13

## *No intentes hacerlo todo*

Una de las razones por las que terminamos haciendo demasiadas cosas a la vez es porque queremos hacerlo todo. Hace poco conocí a una madre divorciada con tres hijos, de nueve, trece y dieciséis años. Los niños son amables y bien educados. Ella trabaja todo el día, su casa está razonablemente ordenada y parece tener la vida muy bien encarrilada.

Le pregunté cómo había conseguido hacerlo todo y ella, muy sincera, respondió: «No lo he hecho todo, ni siquiera lo he intentado. Trabajo la jornada completa y el resto del tiempo lo paso con los chicos. Punto. No hago repostería para nadie que no sean ellos. No acepto invitaciones sociales a no ser que ellos también estén invitados y todos queramos ir. Ahora mismo, los chicos son mi prioridad máxima; todo lo demás tiene que esperar. Y estoy contenta de que sea así».

Sus hijos no pueden hacer todas las cosas que hacen sus amigos porque la situación económica es apretada. Cuando salen de la escuela, ella está trabajando y no puede llevarlos en coche de un lado a otro, pero eso le parece algo positivo. Los chicos practican el deporte que les gusta y el resto del tiempo lo dedican a hacer los deberes, juegan entre sí o con otros niños del vecindario o pasan tranquilos ratos a solas, lo cual ella les ha enseñado a valorar (apartado 81).

Sólo ven un mínimo de televisión y lo que ayuda mucho es que viven en un vecindario donde hay varias madres que están siempre en casa y a las que les gusta echar un vistazo de vez en cuando a los hijos de los demás (apartado 14).

Cree que uno de sus mayores logros personales ha sido hacer caso omiso de las expectativas sociales de que todas las mujeres deben convertirse en una supermadre. Piensa que una de sus mayores ventajas es la de saber que no puede hacerlo todo, mientras que otras personas que están en su misma situación todavía no lo han comprendido y se agotan física y mentalmente para conseguirlo.

Tanto si eres soltera, divorciada o viuda como si vives en pareja y los dos trabajáis, o lo haces en casa, la presión de tener que hacerlo todo es enorme. Una manera muy básica de simplificar la vida consiste en aprender a distinguir entre lo esencial y lo no esencial.

Por ello, piensa cuáles son tus tres principales prioridades, dedica tu tiempo y energía a ellas y olvídate del resto. Limítate a aceptar que no es posible hacerlo todo, y que está bien que no lo hagas. De hecho, será mucho mejor para ti. Haciendo sólo una parte tu vida será feliz y gratificante. Muchas personas han vivido así durante años.

# 14

## Acepta toda la ayuda que necesites

CUANDO SE CRÍAN HIJOS, la ayuda se presenta de diversas formas. Si quieres aligerar considerablemente tu carga de trabajo, aprende a sacar el máximo provecho posible de cualquier asistencia siempre que la necesites.

Tener un círculo amplio de familiares, vecinos y amigos facilita mucho las cosas. A través de ellos obtendrás información acerca de grupos infantiles de juegos, clases y actividades dentro de esos círculos, así como también del nombre de las mejores canguros, pediatras, dentistas, maestros, fontaneros, electricistas, carpinteros y servicios públicos de tu zona.

Con estas personas podrás compartir problemas y daros consejos mutuos. Si se te presenta una emergencia y necesitas una canguro, es casi seguro que siempre encontrarás a alguien que pueda cuidar de tu pequeño. Y si quieres ahorrarte muchas horas al volante, en estos grupos suelen organizarse turnos para recoger a los niños a la salida de cualquier actividad conjunta y llevarlos a sus casas.

No tienes por qué ser amiga íntima de los otros miembros del grupo para aprovecharte de esos recursos. Si tenéis hijos en el mismo equipo de fútbol, eso ya es razón suficiente para que organicéis el transporte de manera comunitaria.

No seas tímida y pide ayuda. Muchos padres dudan a la hora de hacerlo porque creen que es un abuso, pero casi todo el mundo está dispuesto a ayudar. Ayudar nos hace sentir útiles a los demás y siempre habrá alguien que nos devuelva el favor cuando lo necesitemos.

La ayuda se da de corazón, por lo que no debes llevar la cuenta de las veces que ayudas y de las veces que te ayudan. Hay ocasiones en las que no va bien echar una mano, de modo que, si alguien se niega a ayudarte, no lo tomes como una afrenta personal. Y recuerda que también tú tienes derecho a negarte.

Cuando trates con amigos y os hagáis favores mutuos, esfuérzate por ser puntual y hacer lo que has dicho que harías. Si no se puede confiar en ti, eso perjudicará a todo tu grupo de apoyo.

Si puedes permitirte pagar por la ayuda, hazlo. Y si crees que no puedes pagar, piénsalo otra vez. Cuando Tim y Vera eran una joven pareja luchando por sacar adelante a sus dos hijos, la limpieza semanal de la casa costaba cincuenta dólares y Vera creía que no podían pagarlo. Así, Vera se pasaba ocho horas semanales limpiando y haciendo la colada.

De repente, advirtió que podía dar clases de francés a 25 dólares la hora. Con dos horas de clase, las cuales disfrutaba, podía pagar ocho horas de limpieza doméstica, algo que aborrecía. El resultado inmediato de este intercambio fue una casa limpia, la colada hecha y más tiempo para dedicar a sus hijos cada semana.

Piensa qué podrías ofrecer a cambio de la ayuda que necesites.

Una canguro universitaria que te ayude unas horas a la semana te será siempre de gran ayuda. Otra posibilidad es tener una canguro de diez o doce años que juegue con los niños un par de horas mientras tú estás en casa. De ese modo tendrás tiempo para ti, por si te apetece leer, tomar un baño o dormir una siesta.

Si el precio no es óbice para ello, si no te importa renunciar a tu intimidad y te gusta arriesgarte, una niñera interna puede ser una buena solución. Pero sé por experiencia que tener una criada interna es un verdadero desafío y pocas veces funciona bien. Según encuestas que he realizado por mi cuenta, las posibilidades de encontrar a alguien realmente idóneo son de una contra siete. Con ello tal vez simplifiques algunas esferas de tu vida a cambio de complicar otras, y a menudo da más problemas de los que resuelve.

Pero si trabajas en casa, encontrar ayuda para las tareas domésticas te será más fácil y tendrá más sentido, ya que te permitirá tener horas libres para dedicarlas a tus hijos. Puedes contratar a alguien sólo para faenas concretas, como la colada o el jardín o para todo el trabajo doméstico.

Sé creativa. Una madre me contó que se había desesperado pensando cómo podría estar en dos sitios a la vez. Vivía en una población pequeña, por lo que finalmente vio que no había razón alguna que impidiera que sus hijos tomaran un taxi, ya que ella no podía ir a recogerlos.

Con eso no sólo solucionó el problema inmediato de transporte sino que los niños aprendieron además a utilizar un taxi en un entorno seguro. Y también colaboró a incrementar su sentido de independencia y la capacidad para cuidar de sí mismos. Y la madre se vio libre de la sensación de impotencia que experimentamos ante esta clase de problemas. Como es natural, esta solución no es la idónea para niños muy pequeños, y debes asegurarte de que tu hijo se siente a gusto con la solución hallada.

Si no puedes formar un círculo de familiares, amigos o vecinos, busca asociaciones municipales o estatales con programas de actividades infantiles que proporcionan apoyo y orientación a corto y a largo plazo.

Muchas comunidades ofrecen actividades para niños después del horario escolar para que los pequeños no tengan que volver a una casa vacía. Averigua qué tipo de servicios existen en tu comunidad.

# 3

# Los enseres

# 15

## *Tu madre no necesitaba todas esas cosas; tú tampoco*

MIS PADRES criaron tres hijos con una cuna, un parque o corralito y una silla alta. Los tuyos no debían de tener mucho más que eso, pero hoy día muchas parejas creen que, para ser buenos padres, han de comprar todo el departamento de bebés de unos grandes almacenes.

Cuando Peter era pequeño, Tim y Vera cometieron el típico error de comprárselo todo. Ellos dormían en una cama muy vieja con muelles rotos, pero Peter tuvo primero una cuna mecedora de anticuario y después una cunita de seiscientos dólares con una mesa incorporada para cambiarle los pañales, que con el tiempo se convirtió en una cama pequeña.

Tim y Vera podían pagar los plazos del coche a duras penas, pero Peter tuvo un asiento de coche para bebés, luego un asiento más grande y finalmente una silla de altura regulable. También tuvo un cochecito de ruedas que se convertía en una sillita de paseo con sombrilla y mochila incorporadas. Compraron a crédito toda la parafernalia infantil que les parecía atractiva (lo es casi toda) y estuvieron pagándola durante años.

Entonces racionaron sus gastos porque querían tener otro hijo. Y cuando Sasha nació utilizaron prácticamente las mismas cosas, aunque entretanto tuvieron que encontrar un sitio donde guardarlas. Pero como Vera admite, no necesitaban todo eso, y mucho menos comprarlo nuevo. Al fin acabaron eligiendo lo que realmente precisaban y vendieron, regalaron o tiraron lo demás.

Siete años más tarde, cuando ya no les quedaba nada a excepción de la cuna antigua, nació Andrew. Su situación económica era más desahogada que cuando habían nacido sus otros dos hijos, pero también eran más sabios y decidieron hacer las cosas de otra manera.

Compraron una cuna de ciento cincuenta dólares y un cochecito de ruedas y lo pagaron al contado. Después, les dejaron prestado todo lo demás: la sillita alta, la sillita de paseo, la cama y el asiento del coche.

Vera y Tim tuvieron todo lo que necesitaron para Andrew, y tuvieron también unos dos mil dólares más en la cuenta corriente para gastar en unas vacaciones o para seguir pagando los plazos de todo lo que habían comprado durante la infancia de Peter.

Es descabellado pensar que podemos darles a nuestros hijos todo lo que hay en el mercado o sentir que deberíamos hacerlo. No caigas en la tentación de comprar todas esas cosas adorables que te gustaría tener y concéntrate en lo que realmente necesitas.

En mi opinión, entre lo realmente esencial se cuentan la cuna, el cochecito de ruedas, la silla alta y el asiento para el coche. Convenientes pero no absolutamente necesarios son la cuna mecedora y una mesa para cambiar al bebé, aunque también puedes cambiarlo encima de un escritorio acolchando la superficie de forma que puedas volver a convertirlo en escritorio cuando llegue el momento. De ese modo tendrás un objeto menos que tirar.

Pide prestados o compra en una tienda de segunda mano los artículos que creas que necesitarás por poco tiempo. Casi todo el mundo se cansa de guardar objetos para niños y son muy felices cuando pueden reciclarlos.

Tal vez requieras otros enseres, como una mochila para llevar al niño a la espalda si te dedicas a hacer *jogging*; pero recuerda que, si no aprendes a discriminar entre lo que realmente necesitas y lo que la publicidad te quiere hacer creer que necesitas, terminarás con muchas cosas que lo único que harán será complicarte la vida.

# 16

## Controla la cantidad de juguetes de los niños

ADEMÁS DE TODO lo que creemos que necesitamos para criar a nuestros hijos, también permitimos que tengan demasiadas pertenencias, como juguetes, prendas de vestir, bicicletas, esquís, patines, libros, mascotas y aparatos electrónicos.

Los juguetes son una cuestión importante. Algunos son una bendición, ya que mantienen ocupados y felices a los niños durante horas, y los buenos pueden resultar muy instructivos.

Pero los juguetes también pueden amargarte la existencia si se pierden, se rompen o los pisas descalza a medianoche. Los juguetes son la fuente principal de peleas entre hermanos, y si no los mantienes a raya, pueden invadir la casa, el garaje, el patio y la calzada de acceso.

¿Cuál es la mejor manera de ganar la batalla a los juguetes? La primera línea de defensa consiste en reducir al mínimo el número de juguetes de los chicos. Limita tu compra a Navidad o Reyes, el cumpleaños del pequeño y las ocasiones especiales. De otro modo, no adquieras juguetes nuevos. Cuando los niños encuentren algo que les guste, ponlo en la lista de juguetes deseados para Navidad o el cumpleaños.

La segunda línea de defensa es limitar los regalos de la familia y los amigos. Piensa en la posibilidad de abrir una cuenta corriente para las vacaciones o de ayuda escolar a la que los abuelos puedan contribuir. O pide «regalos-experiencia», como un día en el zoo o en un parque natural, un fin de semana en un campamento de verano o una invitación a una obra de teatro infantil o un concierto.

Piensa que tus hijos no tienen por qué poseer los últimos juguetes que aparecen en el mercado. Evita los videojuegos, las tortugas Ninja y otros objetos engañosos de última moda.

Eso significa también supervisar y limitar la cantidad de anuncios televisivos que los pequeños ven, y enseñarles desde muy temprana edad que no pueden tener todos los juguetes que se anuncian en televisión.

Cuando adquieras juguetes procura que sean duraderos, que ofrezcan distintas posibilidades de juego creativo y que sean realmente los que el niño quiere. Elige juguetes que puedan convertirse en una colección, como los juegos de construcciones y los muebles para la casa de muñecas. Las construcciones de madera, los coches, las muñecas y los animales de felpa siguen siendo los favoritos de los niños.

Entre los juguetes que estimulan la imaginación de los niños se cuentan los disfraces, las pinturas y rotuladores con abundante papel, los juegos tradicionales como las damas, el ajedrez, el parchís y el Scrabble. Y como es natural, los juguetes para utilizar al aire libre, como los triciclos, las bicicletas y los columpios.

No compres juguetes mal fabricados aunque estén en la lista de deseos de tu hijo, ya que se rompen enseguida y decepcionarán al pequeño.

Tu hijo no tiene por qué poseer todos los juguetes que tienen sus amigos. Cuando Peter era pequeño, Vera, en su excesivo celo, le compró todos los juguetes con los que se entretenía en la escuela o en casa de los amigos. El niño perdió interés en ellos muy pronto porque los encontraba en todas partes. Con Andrew ha hecho totalmente lo contrario, y éste espera con ganas el momento de ir a la escuela porque allí hay juguetes que en casa no tiene.

Además están esos artículos muy caros que se compran y luego el niño no utiliza. Asegúrate de que a tu hijo le gusta tocar el violoncelo o jugar a hockey sobre patines antes de salir a comprar lo que necesita para ello.

Alquila el equipamiento para las actividades que los pequeños realicen sólo de vez en cuando o que les vaya a quedar pequeño enseguida. En las tiendas de esquís alquilan equipos para niños. Los patines de hielo también pueden alquilarse a precios muy económicos. Si alquilas material, tus hijos tendrán la medida que necesitan, te evitarás las complicaciones de tener que guardarlo y nunca les quedará pequeño.

Otra manera de reducir los juguetes y el material deportivo es comprar en tiendas de segunda mano o de intercambio. Se consiguen cuando el niño los necesita y luego se devuelven o se regalan cuando ha terminado de utilizarlos.

Y habiendo bibliotecas y tiendas de alquiler de vídeos no hay ninguna razón para acumular tantos libros y vídeos infantiles. A los niños estas cosas también se les quedan pequeñas por lo que, a menos que sean clásicos o auténticos favoritos, alquílalos o tómalos prestados de la biblioteca en vez de comprarlos.

## 17

### *Deshazte de objetos a intervalos regulares*

TENER MUCHÍSIMAS COSAS implica tener que dedicar mucho tiempo a limpiarlas, repararlas, guardarlas y decidir qué hacer con ellas cuando se quedan pequeñas o se olvidan. Deshazte de los objetos de tus hijos a intervalos regulares y guarda sólo lo que realmente utilicen.

Hay varias maneras de hacerlo. Una es la «limpieza general». Vera acaba de hacer una en la habitación de Sasha. Lo sacaron todo excepto los muebles pesados, vaciaron el armario y el escritorio, las cajas de los juguetes y las estanterías de libros. Luego Sasha volvió a guardar sólo las cosas que todavía utilizaba.

Vera terminó con el pasillo lleno de ropa, juguetes y libros, pero la habitación de Sasha estaba limpia y despejada. Los objetos que rechazó fueron separados en distintas bolsas: una para lo que iba a regalarse a primos, vecinos y amigos más pequeños, otra para lo que podía venderse en una tienda de segunda mano, otra para beneficencia y otra con cosas para tirar.

Ese mismo día, Vera y Sasha cargaron el coche con las cosas que debían repartirse. Primero fueron a la tienda de segunda mano y todo lo que allí rechazaron pasó a la bolsa de beneficencia. Luego regalaron cosas a los amigos y mandaron un paquete por correo a sus primos.

Una tarea de tanta envergadura puede tomar todo un día, por lo que tendrás que programarla bien y, una vez la hayas comenzado, terminarla.

Con la «limpieza parcial» casi se consiguen los mismos resultados. Reserva una hora cada sábado por la mañana durante los próximos meses. Elige una habitación. La primera semana limpia el armario, la segunda las cajas de juguetes, la tercera el escritorio, etcétera, hasta que termines. Tendrás que hacer un poco de espacio, quizás en el garaje, para dejar momentáneamente las cosas que vayas sacando cada semana.

Este enfoque tiene un riesgo: caer en la tentación de recoger algo descartado la semana anterior pensando que tal vez algún día se utilice de nuevo y guardarlo otra vez en la habitación. Por eso, y aunque requiera un mayor esfuerzo, es aconsejable ir todas las semanas a la tienda de segunda mano y a beneficencia. El refrán «ojos que no ven corazón que no siente» puede aplicarse perfectamente a este caso, y para algunas personas lo mejor será deshacerse de esos enseres lo antes posible.

Una buena regla para elegir lo que se descarta es seleccionar los objetos o las prendas que no se han utilizado en un año, pero no olvides que no hay nada que interese más a un niño que un juguete olvidado justo en el momento en que estás a punto de deshacerte de él.

Una manera de encarar este dilema consiste en sugerir el nombre de alguien que vaya a utilizar más ese objeto. A veces, los niños se desprenden más fácilmente de las cosas si saben dónde irán a parar; pero si se obstinan en guardar algún objeto, déjalos jugar con él un rato. Cuando veas que han vuelto a perder el interés en él, guárdalo momentáneamente. Si lo piden de nuevo es que realmente lo quieren. Si no, tíralo con todo lo demás.

He aquí otras buenas normas: no guardes juguetes rotos, no guardes partes no identificadas de un juguete, no guardes cosas porque no sabes qué hacer con ellas. No cambies cosas de un armario a otro. No guardes cosas sólo por si el niño cambia de opinión. Si piensas tener más hijos, guarda sólo lo verdaderamente esencial: la cuna, la silla alta, el parque y el cochecito de ruedas.

Haz la primera limpieza tan pronto como sea posible. Luego aprovecha un descanso natural en el horario familiar (cuando los niños terminan el colegio a la llegada del verano o antes de que vuelvan e ella al llegar el otoño) y fija la limpieza general o las limpiezas parciales a intervalos anuales o semestrales. O puedes convertirlo en un ritual familiar que se celebre la semana antes de Navidad o Reyes con el fin de hacer sitio a los juguetes nuevos.

Tanto si lo haces de una forma como de otra, incluye a tus hijos en el trabajo y conviértelo en algo divertido. Ellos saben con qué juegan y qué pieza es de cada juguete. Y tienen que estar presentes para que sepas si la ropa del invierno pasado todavía les está bien.

Pero lo más importante de todo es que esas cosas son de los pequeños y son ellos quienes tienen que hacerse cargo de ellas. Enseña a tus hijos a responsabilizarse de sus pertenencias y a mantenerlas, y facilítales la manera de deshacerse de lo que ya no utilizan.

# 18

## *No lo pongas en la buhardilla o en el sótano*

HACE POCOS AÑOS, Vera, Tim y los pequeños se mudaron a la casa donde se habían criado Vera y sus hermanos. Se sentían muy afortunados por tener más espacio para la prole, pero terminaron en una casa con cosas acumuladas durante cuarenta años. Les llevó los fines de semana de varios meses sacar más de dos toneladas de objetos, la mayor parte de la buhardilla y del sótano, que fueron casi todos a parar directamente a la basura. Después, aún les quedaban tantas cosas que tuvieron que ponerlas a la venta entre los vecinos y los amigos y recogieron unos tres mil dólares.

Había muchas cosas que llevaban tanto tiempo en la buhardilla que estaban totalmente olvidadas. Algunos objetos que habían sido guardados en buen estado se habían estropeado por completo debido a la sequedad de la buhardilla o a la humedad del sótano.

Una buena norma para las buhardillas y los sótanos es utilizarlos sólo como almacén temporal. Si tienes fácil acceso a ella, una buhardilla es perfecta para guardar ropa y equipamiento de invierno (esquís, patines) durante el verano, y ropa y equipamiento de verano (piscinas de plástico, juguetes de playa) durante el invierno, adornos de Navidad y un número limitado de objetos que pueda utilizar un nuevo hijo. Si el acceso es difícil o peligroso, no lo utilices.

Los sótanos, si son secos, van bien para guardar los enseres de limpieza y las herramientas y como almacén de invierno para los aperos del jardín, macetas y semilleros.

Ya sabes que todo lo que guardes en el garaje enseguida se llena de telarañas, tijeretas y cadáveres de insectos. Por ello, utiliza sólo el garaje para los coches de juguete, los triciclos, las bicicletas, bien ordenados, y las herramientas y material de jardinería de uso frecuente y cualquier otra cosa que entre y salga a intervalos, como los objetos reciclables (latas, botellas y periódicos). En el garaje no guardes nada más.

No utilices ninguno de estos lugares para guardar cosas que tal vez un día necesites o que no quepan en la casa. Si lo guardas en esos sitios es porque no lo utilizas y posiblemente ya no lo utilizarás. Además de quitarte sitio para cosas necesarias, lo más probable será que te olvides de ellas y se estropeen. Lo mejor es sacarlas de casa y de la vida familiar.

Nunca guardes recibos o documentos importantes en la buhardilla, el sótano o el garaje. Compra un archivador nuevo o de segunda mano o un fichero donde clasificar alfabéticamente esos documentos. Guárdalo en la cocina, en el escritorio o en un armario.

Las declaraciones de Hacienda sólo deben guardarse cuatro años. Cada año, después de la nueva declaración, tira la de cinco años atrás.

## 19

### *Qué hacer con los dientes de los niños, sus primeras obras de arte y otros recuerdos*

LAS PRIMERAS LETRAS ESCRITAS y las primeras obras de arte, un mechón del primer corte de pelo, las fotos; todo eso son verdaderos recuerdos de los que tus hijos y tú tal vez disfrutéis algún día, pero no tienes por qué guardar todos los dibujos, fotografías y dientes o el cordón umbilical. Que sea el hada de los dientes o el ratoncito Pérez el que se haga cargo de éstos.

Y quizá debas poner alguna norma especial con las pinturas hechas con pasta de sopa o alubias pegadas en un trozo de papel con la forma de uno de los personajes favoritos de Barrio Sésamo. Con esta norma especial, los niños podrán hacer todas esas pinturas en la escuela, pero el producto terminado deberá quedarse en la clase. Como mal menor te ahorrarás tener que barrer la nariz de un pájaro hecha de pepitas de tomate, las cuales se despegan siempre en el mismo instante en que el niño llega a casa.

Como es natural, los niños quieren guardar todas las obras de arte que hacen y es importante alabar su talento pero, a menos que tengas un sistema para tratar con esas obras, pronto inundarán la casa.

Una solución es tener un archivador en el que poder guardar temporalmente las obras de arte de tus hijos. Cuando traigan una, recíbela con alabanzas sinceras y entusiastas. Después de un período razonable de exposición, durante el cual puedes fijarlas a la nevera o en el tablón de anuncios de la cocina, asegúrate de que cada obra está firmada por el artista y lleva la fecha de creación y guárdalas en el archivador.

Este archivador sólo es el primer paso. Con él, los niños tienen la sensación de que te interesas por sus actividades, y evita discusiones acerca de por qué vas a tirar el árbol de Navidad que hace tan poco han decorado con tanto afán.

Un par de veces al año, revisa con tus hijos el contenido de ese archivador y decidid juntos qué guardar y qué tirar. También puedes imponer la norma de no guardar nada que haya dibujado o recortado otro niño, que esté hecho con palitos de caramelo o con harina, pasta o legumbres.

Con el paso del tiempo, el niño está más desapegado de la obra y puede decidir con más facilidad qué quiere guardar y qué quiere tirar. Esas piezas selectas pueden pasar a una cartera que se convierta en la colección permanente del niño, en la que se pueden incluir también un libro infantil, el certificado de nacimiento, las calificaciones escolares o el certificado de graduación.

Otra posibilidad es tener una caja para cada niño en la que puedan guardarse figuritas de arcilla, el vaso de plata de cuando era bebé y otros objetos que no quepan en la cartera. Esta caja tiene que ser resistente y del tamaño de una caja grande de zapatos. Pon una etiqueta en cada una con el nombre del niño y la fecha.

Las fotografías son el recuerdo familiar más universal, pero si no están correctamente clasificadas pueden resultar un engorro. Cuando tomes fotos a tu familia, aprende a gastar deprisa el carrete. Cuando las traigas a casa reveladas, tira a la basura sin dudar las que estén desenfocadas o sean de mala calidad. Después de seleccionar las fotos que desees enmarcar, guarda las demás en el sobre y escribe la fecha, el lugar o el acontecimiento en que fueron tomadas.

Guarda los sobres en un lugar accesible, como un armario de la cocina o un cajón del escritorio, hasta que tengas tiempo de ponerlas en álbumes, uno para toda la familia o uno para cada niño. El resultado final será una simple cronología de lo que habéis vivido juntos, con fechas, lugares y nombres escritos claramente debajo de cada foto. Éste puede ser un divertido proyecto familiar para los fines de semana de mal tiempo.

## 20

### *Crea un espacio vital simple para tus hijos*

EN LAS HABITACIONES de los niños todo tiene que ser resistente y funcional. No es lugar para un escritorio antiguo o para la colcha que hizo a mano tía Harriet.

Como ya hemos visto, para la habitación de un bebé necesitarás una cuna, una cómoda y tal vez una mesa para cambiarlo. Nada más.

Cuando al niño le quede pequeña la cuna, necesitarás una cama resistente. Si puedes, compra una que le sirva hasta que llegue a la adolescencia. Las literas son ideales, y si dos niños tienen que compartir la habitación, te ahorrarán mucho espacio. Procura tener un sofá cama para las noches en que tengan compañía.

Los niños necesitan estanterías para libros, un escritorio o una mesa para hacer los deberes de la escuela y una cómoda para la ropa pequeña. En vez de la cómoda pueden tener estanterías y cajones en el armario.

También necesitan una manera de tener los juguetes ordenados. Guarda los distintos tipos de juguetes en una caja en que se lea claramente su contenido. Los embalajes de cartón con tapa, que pueden apilarse en un rincón del dormitorio, son muy prácticos. Como ya hemos dicho antes, si no limitas el uso de los juguetes a determinadas zonas de la casa, éstos acabarán por desbordarla. Permite a los niños jugar en sus habitaciones, en la sala familiar o en el vestíbulo. Mantén libre de juguetes el resto de la vivienda.

Enseña a tus hijos a guardar los juguetes cuando terminen de utilizarlos. Cuando sean pequeños, ayúdalos a recogerlos asignándoles una sola tarea cada vez, como recoger los bloques de madera o poner de nuevo los animales de felpa sobre la cama. Conviértelo en un juego para despertar su interés.

Cuantos menos muebles haya en el dormitorio, más espacio habrá en el suelo para jugar.

Si quieres tener una vida simple, nunca pongas un televisor en el cuarto de un niño. No sólo le quitará espacio físico y mental, sino que difícilmente podrás controlar qué programas ve.

Cuando el niño crezca, sus necesidades cambiarán y tendrás que adaptar la habitación a sus nuevos intereses. No gastes dinero en muebles o accesorios que enseguida les queden pequeños.

## 21

### *Simplifica el vestuario de tus hijos*

LAS NECESIDADES DE LOS NIÑOS en cuanto a prendas de vestir son muy básicas. Necesitan ropa de diario para la escuela, ropa para jugar y ropa de vestir. Nada más. No te pases comprando ropa cara y elegante porque los pequeños no la llevarán lo suficiente para justificar el gasto, el cuidado que necesitan y el lugar que ocupan en el armario.

Ten presente que a los niños la ropa les queda pequeña enseguida. Durante el primer año, los niños ganan medio kilo y dos centímetros cada mes. A los bebés y los más pequeños hay que cambiarlos de ropa varias veces al día debido a lo que se ensucian, pero no necesitarás más de seis o siete conjuntos distintos de cada talla: para los tres, los seis, los nueve, los doce y los dieciocho meses. Como los niños crecen tan deprisa, asegúrate de que su ropa es idónea para cada estación del año.

Compra petos que se abrochan en la entrepierna para que no se les enfríe la barriguita. No caigas en la tentación de comprar esos encantadores vestidos para las niñas que empiezan a gatear porque las faldas les quitan mucha movilidad y se les enredan en las rodillas.

Mientras aprenden a usar el orinal, utiliza pantalones con cinturas de goma elástica porque son fáciles de poner y quitar. Los niños que usan pañales necesitan pantalones que tengan cierres en la entrepierna.

Sea cual sea su edad, los niños no necesitan más de ocho o diez prendas por temporada; tres o cuatro pares de pantalones y una decena de camisas serán más que suficiente. Asegúrate de que todo lo que compras puede lavarse a máquina.

Los chicos necesitan camisetas, bañadores y sandalias o chanclas en verano, y pantalones largos, camisas de manga larga, sudaderas y jerséis de lana en invierno. Como vestuario externo, precisarán un impermeable, quizás un anorak o una parka para la nieve y un gorro y unos guantes.

También necesitarán pijamas y ropa interior y calcetines todos iguales para no tener que emparejarlos. Con un par de botas de lluvia o de nieve y un par de zapatos de vestir tendrán un vestuario más que completo.

Cuando los niños crecen y empiezan a tener gustos propios en el vestir, lo más sencillo es llevarlos de compras para que puedan elegir la ropa. Tu misión será supervisar que les quede a la medida y moderar sus gustos más radicales.

Una buena norma es la de no comprar nada que no te guste a ti o a ellos. No tienes que imponerles sus gustos en cuanto a moda; pero como el dinero es tuyo, serás tú la que debas decidir si hay que adquirir algo que les queda demasiado ceñido, demasiado ancho o que es de color fluorescente. Recuerda que tú eres la madre. Y si te niegas a comprar algo que ellos realmente quieren tener, que lo compren con su propio dinero.

Las tiendas de segunda mano y las rebajas en los grandes almacenes brindarán la oportunidad de encontrar ropa infantil a buenos precios.

Otra manera sencilla de implicar a los niños en la selección de su propia ropa es comprarla por correo.

El problema principal de este sistema es que las empresas de venta por correo son implacables y envían entre cuatro y seis catálogos cada año. Estos catálogos no sólo se acumulan en la casa sino que son una tentación constante a comprar más de lo que realmente se necesita. Por ello, también tú deberás aprender a ser implacable. Limita a un mínimo el número de empresas a las que compres, y recicla los catálogos tan pronto como lleguen. Cuando ya no compres de un catálogo determinado, utiliza el teléfono de llamada gratuita para darte de baja como cliente.

Los cambios en la moda y en los gustos de los niños nunca deben ser razón para comprar ropa antes de necesitarla realmente, aunque esté rebajada. Es una pérdida de tiempo, dinero y energía comprar un anorak para la nieve en primavera si al llegar el invierno al niño ya le habrá quedado pequeño. Las niñas tienen fases en las que sólo quieren utilizar vestidos, para cambiar luego de idea y querer ponerse sólo pantalones, y a los niños les ocurre lo mismo con la ropa deportiva y los vaqueros, por ejemplo.

Nunca compres prendas que necesiten plancha. Limítate a colores que combinen con facilidad, de modo que casi todas las camisas puedan llevarse con todos los pantalones y pueda lavarse todo junto.

# 22

## *Enseña a jugar a tu gato*

SI REALMENTE QUIERES simplificar tu vida, piénsalo detenidamente antes de comprar un animal doméstico.

Cuando Adam, el hijo de mi amiga Jamie, tenía dos años, ésta le compró un cachorro con la idea de que ambos crecieran juntos. Era una idea muy romántica, pero la realidad resultó ser mucho más complicada. A Jamie se le dobló el trabajo, ya que a partir de entonces, tuvo que vérselas con dos criaturas ingobernables en vez de una.

Un niño pequeño no sabe tratar correctamente a un perro, por lo que, si no estás muy versada en las técnicas de adiestramiento de perros y no tienes el tiempo y la energía suficientes para enseñar al niño y al perro a la vez, será mejor que esperes hasta que el niño sea más mayor.

Pero incluso cuando el pequeño llega a una edad responsable, un perro no es una cosa sencilla. Cuando Adam cumplió diez años, llevaba mucho tiempo pidiendo un cachorro. Finalmente, Jamie cedió y le regaló un pequeño pequinés con la condición de que fuera él quien se responsabilizara del cuidado del perro. Adam ha cumplido el trato: da de comer al perrito, limpia lo que ensucia, le saca las garrapatas, lo baña con jabón antipulgas y lo ama incondicionalmente.

Pero Jamie tiene que seguir ocupándose de las vacunas, de llevarlo al veterinario, de comprarle comida y de supervisar su cuidado general. Tiene que desinfectar la casa dos veces al año, y el animal ha destrozado muchos de los juguetes de los niños y algunos muebles con sus dientes.

En los últimos quince años, Jamie ha tenido prácticamente todos los animales domésticos posibles y ahora está muy contenta de haberlos limitado sólo a la perra. Si piensas comprar una mascota a tu hijo, podrás ahorrarte los errores de Jamie pasando revista a su lista de animales domésticos, calificados del más difícil al más fácil de cuidar.

El animal más exigente es el perro. Los perros requieren más atención, adiestramiento, cuidado personal y supervisión que los otros animales y sufren mucho si no se les presta la atención que necesitan. Dependen totalmente de los humanos y es por ello por lo que tanta gente se siente atraída por ellos, pero tener un perro es como tener un niño que nunca pase de los tres años: encantador, sí, claro, pero da muchísimo trabajo.

A continuación están los animales con pelo que viven en jaulas. En contra de lo que mucha gente cree, los conejos, los hámsters, los ratones y los conejillos de Indias son animales difíciles. Hay que limpiarles la jaula cada día. Si se deja de hacerlo un par de días, el hedor es insoportable. Puedes tener la jaula del conejo fuera, por supuesto, pero entonces el niño tiende a olvidarse del animal. Estas mascotas no mantienen el interés del pequeño demasiado tiempo, no son cariñosos y no desarrollan apego hacia sus dueños. Los niños tampoco pueden jugar con ellos, ya que siempre intentan escapar (¿quién no lo haría?), y hay muchas posibilidades de que muerdan al pequeño o a otra persona.

Los pájaros también son difíciles porque, a menos que estén adiestrados, lo cual supone un gran gasto de tiempo y energía, no suelen entablar relaciones con los humanos. La habitación se te llenará de plumas y restos de comida, por más que les limpies la jaula. Son muy delicados y enferman con facilidad, y las plumas y los restos de comida pueden agravar algunas enfermedades respiratorias. A excepción de los loros, los pájaros rara vez mantienen una relación con sus dueños, por lo que también es difícil desarrollar apego hacia ellos. Además, un animal enjaulado es siempre una visión muy triste.

Un acuario parece una manera sencilla de satisfacer las necesidades de tener animales domésticos hasta que los peces empiezan a comerse unos a otros o se estropea el termostato del agua caliente y una mañana te los encuentras flotando muertos en su costosa pecera. A la hora de montar un acuario hay que tener en cuenta muchos factores, y a menos que quieras dedicarte plenamente a él y hacerlo bien, no satisfará tus expectativas de comodidad o alegría.

Los peces pueden enseñarles a los niños lecciones sobre la decepción y la muerte, pero esas lecciones las aprenderán de todos modos. Las carpas doradas suelen morir a los pocos días de llegar a casa. Enseña a tus hijos a no participar en juegos en los que el pobre pez sea la recompensa. Es muy cruel para el animal y triste para el niño.

Los reptiles y anfibios que viven en recipientes no son difíciles siempre que no te importe darles de comer algo que todavía camina o colea, pero los niños no pueden jugar con las serpientes, las tortugas o las ranas y enseguida pierden interés en los animales con los que no pueden jugar.

El animal doméstico más simple es el gato. De pequeños es muy divertido jugar con ellos y no suelen dar demasiados problemas. Los gatos se lavan solos, por lo que, si no tienes un gato de pelo largo, no deberás preocuparte de su cuidado, aparte de recoger los que siempre se les caen. Y a algunos gatos les gusta afilarse las uñas en los muebles, lo cual puede suponer un gasto extra y una molestia. Pero hasta los gatos más pequeños saben utilizar un lecho de arena para hacer sus necesidades. Si os marcháis de viaje, los vecinos pueden cuidar fácilmente del gato. Rara vez son tan interactivos como los perros (casi todos podrían ir a recoger un palo que les hubierais tirado, pero pocos se dignarán hacerlo), pero disfrutaréis de un animal doméstico adorable, mimoso, responsable y relativamente independiente.

## 23

### *Deja de comprar más enseres*

A VECES, LA NECESIDAD de seguir comprando enseres es abrumadora. Las campañas de promoción comercial están pensadas para que te sientas culpable o en cierto modo desposeída si no puedes comprarlo todo. La publicidad intentará convencerte de que la felicidad de tu hijo y la solución de todos tus problemas familiares dependen de la compra de un nuevo producto.

Pero invariablemente ese nuevo objeto aporta poco bienestar y muchos quebraderos de cabeza para encontrarle sitio y pagarlo. Si limitas la compra de enseres, tu vida será mucho más simple.

Además de ser un adiestramiento para los padres, deberás enseñar a tus hijos que no siempre pueden tener todo lo que quieren o creen querer. ¿Cuántas veces has comprado algo que el pequeño deseaba ardientemente para que luego perdiera el interés en ello transcurridos dos días? ¿Cuántas cosas de las que tienen los pequeños realmente utilizan? ¿Qué echarían de menos? Seguramente, muy poco.

Haz una lista de las cosas que tus hijos necesitan y sal de compras sólo cuando haya algo concreto que adquirir. Nunca hojees catálogos ni salgas a mirar escaparates. De ese modo evitarás las compras impulsivas.

Nunca compres algo que no sabías que necesitabas hasta verlo en el escaparate de una tienda. Si encuentras algo que crees que tus hijos necesitan de veras, espera un par de días antes de comprarlo. Lo más probable es que tanto ellos como tú os olvidéis de ese objeto.

Durante una semana o dos, o incluso un mes, no compres otra cosa que comestibles. Quedarás asombrada de la cantidad de tiempo y dinero que ahorrarás. Ése es el tiempo que podrás dedicar a tu familia y el dinero que podrás ahorrar para cosas más importantes.

Sé realista acerca de lo que tus hijos realmente necesitan. Los niños han sobrevivido durante siglos con una fracción muy pequeña de lo que utilizan hoy en día. Más que nada, lo que necesitan es mucho amor y tiempo ininterrumpido de dedicación. Ésos son los regalos más grandes. Las cosas materiales confunden la cuestión.

# 4

## La familia conectada

## 24

### *Evita la sobrecarga electrónica*

LOS AVANCES DE LA TECNOLOGÍA pueden simplificarnos o complicarnos la vida. Todo dependerá de cómo los utilicemos. Como padres, nuestra tarea es determinar cuáles son beneficiosos y decidir qué aparatos permitiremos que tengan nuestros hijos. Así, te aconsejo que te hagas las siguientes preguntas antes de comprar la última maravilla tecnológica para tus hijos: ¿es algo educativo? ¿Añadirá calidad a sus vidas? ¿Los aislará de la familia y los amigos? ¿Realmente lo necesitan? ¿Podemos comprarlo sin endeudarnos?

Y he aquí una lista de aparatos electrónicos que compiten por nuestro dinero y el tiempo y la atención de nuestros hijos, junto con algunas reflexiones acerca de cómo pueden simplificarnos o complicarnos la vida.

*Walkman:* La ventaja de los walkman es que cuestan poco dinero y contribuyen a mantener ocupados a los niños con música o cuentos infantiles durante viajes largos en coche. Además, pueden escuchar su música favorita sin molestar a nadie, pero si los utilizan demasiado corren el riesgo de aislarse y desarrollar una conducta antisocial.

Si permites a tus hijos tener un walkman, establece unas normas de uso. No les permitas utilizarlo en la mesa a la hora de la cena, mientras hacen los deberes o conversan con alguien, cuando los presentas a los amigos o en una reunión social. Tampoco cuando van en bicicleta o patinan, ya que no podrían oír el claxon de un coche.

*Equipos estereofónicos:* La música es una parte importante de nuestras vidas. Sabemos que los niños que escuchan música clásica aprenden más deprisa en todos los ámbitos de sus vidas que los que no lo hacen. Con un aparato estereofónico podrás introducir a tus hijos en todos los géneros musicales: clásica, folk, rock and roll, jazz, bandas sonoras, etc.

Puedes convertir las audiciones musicales en una actividad familiar distinta de ver la televisión. Si los niños quieren escuchar música en sus cuartos, pueden utilizar un walkman con auriculares. Si al hacerse mayores quieren algo más sofisticado, que ellos mismos se compren un equipo (apartado 34).

*Videojuegos:* Muchos padres con los que he hablado han decidido no permitir que sus hijos los tengan. Es cierto que los chicos los quieren y que se pasan muchas horas entretenidos con ellos. Entonces, ¿por qué no permitírselos? Aparte del tiempo que requieren, son extremadamente adictivos. ¿No te gustaría más que tu hijo dedicase la misma cantidad de tiempo y energía a leer, dibujar o aprender a tocar un instrumento?

Si ya tienes videojuegos, limita el tiempo que los chicos pasan jugando con ellos, del mismo modo que limitas su acceso a la televisión.

*Juegos de ordenador:* Algunos juegos de ordenador son educativos, fascinantes y excitantes, y otros contienen la misma porquería que los juegos de videoconsola. Tendrás que ver previamente esos juegos para saber si ofrecen algo de valor a los pequeños.

Del mismo modo que limitas el acceso al televisor y los videojuegos, establece algunos parámetros en el tiempo que tu hijo dedica a los juegos de ordenador. Hay niños que no paran hasta que no se los arranca físicamente de delante de la pantalla y se les quita el ratón. Si el niño no quiere cumplir esas normas, deshazte del juego.

Además, procura ofrecerles un equilibrio personal enseñándoles a relajarse y estar a gusto consigo mismos (apartado 81). Aliéntalos a explorar sus propios pensamientos e ideas creativas en vez de tener que estar constantemente conectados al ruido de otros.

## 25.

## *Establece reglas para el uso de la televisión*

MUCHOS PADRES me han dicho que la mejor manera de simplificar la vida con sus hijos consiste en prescindir por completo del televisor. Si bien es una idea que yo recomiendo de todo corazón, veo a la vez que, para muchas familias, no es una opción viable.

Entre los programas de televisión hay interesantes documentales históricos, científicos y sobre la naturaleza, así como magníficas obras de teatro basadas en textos clásicos. En la televisión también hay violencia, programas aburridos y concursos que no interesan a casi nadie.

Como padres, vuestra misión es guiar a vuestros hijos a través de este laberinto de esplendor y basura, seleccionar los programas que sean instructivos y reveladores y alejarlos de los que sean cínicos, violentos, estúpidos, alarmantes o carentes de gusto.

La manera más simple de hacerlo consiste en fijar unas normas claras acerca de cuánta televisión deben ver, cuándo pueden verla y qué programas están permitidos. Luego mantente inflexible con esas normas por más lágrimas que se derramen y por más gritos de protesta que debas oír. Eres tú quien tiene la conexión y quien podrá sacar de casa el televisor si lo crees conveniente.

Insiste en que los deberes y las tareas domésticas se hagan antes de poner en marcha el aparato. Acostúmbralos a pedir un programa concreto en vez de «ver la televisión». No les permitas el *zapping*, con el que, por lo general, verán lo mejor de todos los programas malos que se emiten en un momento dado.

Pon limitaciones que se adecuen a tu familia. Sé de padres que no permiten la televisión entre semana y sólo un número determinado de programas aprobados por los padres, unas dos horas, los fines de semana.

Si permites ver televisión a los chicos, anímalos a elegir programas educativos, o alquila vídeos de naturaleza o de la National Geographic. Las buenas comedias son muy divertidas y brindan la oportunidad de que toda la familia ría junta.

Si hay un solo televisor en casa será más fácil que los pequeños cumplan las normas.

Advierte a la canguro que no podrá utilizar la tele para que los niños estén tranquilos mientras tú estás fuera.

De vez en cuando, ve televisión con los chicos para saber qué tipo de programas eligen y para poder responder a las preguntas que posiblemente te hagan. O utiliza un programa adecuado como base para una posterior discusión o estudio. Alienta a tus hijos a ver la mínima publicidad posible. Recomiéndales programas interesantes e informativos sin estar expuestos a los tentadores anuncios de juguetes.

Ten presente que la televisión puede afectar a los niños de una manera negativa que te complicaría la vida. Las conductas agresivas, la dificultad para conciliar el sueño, las pesadillas y un insaciable apetito por los productos anunciados pueden atribuirse a un uso excesivo de la televisión o a la elección incorrecta de los programas.

Aun cuando supervises los programas de tus hijos, a veces, unas imágenes de las noticias o el avance de una película de contenido violento serán capaces de perturbar a un niño pequeño o sensible. Si tus hijos muestran signos de agitación o alteraciones del sueño, elimina la televisión durante una semana y mira si mejoran.

La televisión puede ser muy adictiva, por lo que, si ya es demadiado tarde para imponer unas normas, haz un esfuerzo extra para ofrecer a los pequeños otras actividades más creativas que puedan absorberlos.

Y como en otros aspectos de la simplificación, cuanto antes establezcas las normas, más fácil te será que se cumplan. Recuerda siempre que la madre eres tú.

Tus chicos se resistirán a los esfuerzos que hagas para limitarles la televisión. Explica las razones de estas normas y manténlas con firmeza. Esto es una batalla para el cerebro y el alma. Hay tanta televisión inadecuada para los niños que no debes permitir que sean ellos los que decidan qué ver.

Con las nuevas tecnologías de bloqueo de ciertos canales, tu trabajo será más fácil; pero de momento eres la responsable del uso que tus hijos hagan de la televisión y del tiempo que le dediquen.

## 26

### *Elige tus teléfonos con inteligencia*

EL NÚMERO DE TELÉFONOS es ilimitado: teléfonos de sobremesa, de pared, sin cable, móviles, teléfonos para coches, de líneas múltiples, con avisador de nueva llamada y otros servicios como llamadas colectivas y con identificador del que llama. Luego están los contestadores automáticos, los fax, los módems para ordenador, y pronto tendremos pequeñas pantallas con aplicaciones de ordenador llamadas Smart Phone. De todo ello, ¿qué es lo que realmente necesitas?

Un teléfono con llamadas en espera, extensiones en las habitaciones principales si tienes una casa grande, un contestador automático y un teléfono móvil barato o gratis con un servicio de llamadas poco costoso pueden satisfacer las necesidades de comunicación de casi todas las familias.

Antes de que existieran los teléfonos con llamadas en espera, tenía sentido instalar una línea distinta para los niños. Ahora, si enseñas a tus hijos cómo utilizar ese teléfono, una sola línea es suficiente. Deben saber que tus llamadas tienen prioridad sobre las suyas. Si llega una llamada mientras están al aparato, deberán colgar para que tú puedas recibir la tuya, sea quien sea la persona que llame.

No cometas el mismo error que una de mis lectoras. Instaló un teléfono con línea distinta en el dormitorio de su hija de dieciséis años, ya que estaba harta de tener la línea ocupada siempre que su hija se ponía al teléfono. Pero entonces advirtió que ya no sabía cuánto tiempo pasaba la chica al teléfono, a veces a altas horas de la noche. Y lo que era aún peor: casi nunca sabía con quién estaba hablando. Una sencilla manera de solucionarlo sería recordarle que eres su madre y luego fijar unas normas para el uso del teléfono. Si la hija no se aviene a cumplirlas, la consecuencia lógica será quitar esa línea extra (apartado 41).

Una de las primeras cosas que hice al simplificar mi vida fue quitar las llamadas en espera de mi teléfono. Me encanta haberlas suprimido, así como el teléfono móvil, y recibo muchas cartas de lectoras a las que les ha ocurrido lo mismo; pero estoy convencida de que, si tienes niños, el teléfono con llamada en espera y el teléfono móvil, utilizados dentro de unos límites, te simplificarán mucho la vida.

La llamada en espera es útil porque, por ejemplo, puedes seguir llamando hasta que el médico te llame de nuevo, o mientras esperas que a tu hijo te diga si tienes que recogerlo a la salida del entrenamiento. Pero recuerda que, si estás en medio de una llamada urgente o importante, no tienes por qué atender una llamada en espera. Si es importante, ya volverán a telefonear.

Un contestador automático suele ser uno de los objetos que más simplifica la cuestión del teléfono, sobre todo si eres de esas personas que siempre corren a cogerlo. Utiliza el contestador para recoger mensajes y seleccionar llamadas mientras estés en casa y para escuchar mensajes cuando estés fuera. Acostúmbrate a apagar el timbre del teléfono o a bajar el volumen del contestador durante las comidas o cuando no deseas que os molesten.

El teléfono móvil supone una gran ventaja para muchos padres. Con ese aparato, los niños podrán mantenerte informada de sus actividades y podrás llamar a casa antes de volver a ella para saber si todo el mundo ha llegado bien. Con el teléfono móvil también podrás informar a tu familia que has encontrado un gran atasco de tráfico, que llegarás un poco más tarde y lo que pueden hacer para empezar a preparar la cena.

Ahora es posible comprar un teléfono móvil a un precio muy asequible. Utilízalo *sólo* para contactar con tus hijos cuando es necesario y en casos de emergencia. Si se utiliza bien, un teléfono en el coche proporciona mucha seguridad. Es un enlace con el mundo si te quedas sin gasolina, si tienes un pinchazo o te encuentras en una situación peligrosa y necesitas ayuda.

Y si tienes un hijo adolescente que empieza a conducir, podrá utilizar el teléfono del coche para decirte dónde está y a qué hora llegará a casa. Así se habrán acabado las excusas de que no encontraba un teléfono.

Sin embargo, tanto tú como tus hijos debéis saber que es peligroso conducir y hablar por teléfono a la vez. Hay países en los que las leyes lo sancionan. El *New England Journal of Medicine* publicó hace poco un estudio en que los conductores que utilizan el teléfono son cuatro veces más propensos a verse implicados en accidentes que los que no los utilizan. Enseña a tus hijos predicando con el ejemplo: deténte junto al arcén para hacer la llamada.

Si tienes un negocio en casa o utilizas mucho el teléfono por trabajo informático, tal vez lo más sencillo sea poner otra línea para dedicarla al fax y al módem. Piensa minuciosamente en los gastos y si realmente es conveniente para ti antes de contratar esa nueva línea.

Todos los negocios que se precien tienen horas de atención al público. Si trabajas desde casa, haz saber a tus clientes cuáles son tus horarios al teléfono. Si no pones unas normas, la gente te llamará a cualquier hora del día o de la noche.

Es muy fácil dejar que el teléfono se apodere de nuestras vidas. Enseña a tus hijos a usarlo (apartado 33), fija horas para recibir las llamadas de los familiares, colegas y amigos y no permitas que el teléfono te coma el tiempo que pasas junto a los tuyos.

# 27

## *Infórmate sobre ordenadores, software y el ciberespacio*

SOMOS UNA CULTURA ORIENTADA A LA INFORMACIÓN. Los ordenadores, el software y el ciberespacio nos conectan con esa información. Además de ser divertidos, eficientes e increíblemente útiles, los ordenadores son herramientas maravillosas para actividades creativas tales como escribir o dibujar, y para el desarrollo de aptitudes analíticas como las matemáticas, la ciencia y la manipulación de grandes cantidades de datos.

Muchos niños llevan utilizando ordenadores en la escuela desde los primeros cursos. Las lecciones de vocabulario, los informes de lectura y los trabajos de laboratorio, todo ello resulta mucho más simple con un ordenador. Tu hijo competirá en las notas con otros niños que utilizan ordenadores. Un estudio con gráficos de ordenador y mapas tendrá más valor que uno que no los tenga, por diligentemente que haya trabajado el niño.

Cuando el niño se gradúa en la escuela superior, tiene que conocer por completo el funcionamiento del ordenador a nivel de usuario, ya que de otro modo no podrá competir en el mercado laboral actual. Hoy en día, no tener ordenador supone una gran desventaja para tu hijo. Si todavía no lo tienes, he aquí unos cuantos consejos a la hora de seleccionar un equipo informático básico.

Decide si necesitas un Macintosh o un PC. Si tienes hijos de todos los niveles escolares, llama al profesor de informática para saber qué ordenador utilizan. Compra el mismo y no lo pienses más. Casi todas las escuelas utilizan Macintosh y así la decisión es más sencilla. El Macintosh de Apple es eficaz, versátil, muy útil para los gráficos y fácil para el usuario. Los niños utilizarán ese ordenador felizmente durante muchos años.

Si tus hijos son ya adolescentes, piensa en la posibilidad de adquirir un ordenador PC que tenga Windows como sistema operativo. A los que vayan a ir a la universidad les será más fácil hacer la transición de uno a otro sistema mientras estén en la enseñanza superior. Así tendrán la oportunidad de familiarizarse con el entorno Windows, que será el que utilizarán en la universidad y después en el mundo comercial.

Por lo que a software se refiere, compra programas simples que exijan poca capacidad de la memoria interna de tu ordenador, sobre todo para los chicos. Ten presente que las actualizaciones anuales son caras, ocupan espacio en el disco duro y reducen considerablemente la velocidad del ordenador y, en realidad, no son necesarias si tienes un buen programa base. Además, si no vigilas, es muy fácil caer en el hábito de gastar muy deprisa en un software —de valor cuestionable— varias veces la cantidad que se ha gastado en el ordenador.

Necesitarás un procesador de textos sencillo para que los niños puedan escribir, y posiblemente una hoja de cálculo y un programa de gráficos para que puedan realizar tareas más complejas, como las de matemáticas y los trabajos de ciencias. Antes de comprar el software, consulta de nuevo a los profesores de tus hijos. También en esto será aconsejable que utilicen los mismos programas que en la escuela. Y además, casi todos los paquetes de software que existen en el mercado serán adecuados para tus hijos, al menos para los principiantes.

Si tienes más de un hijo y un solo ordenador, es posible que necesites establecer un horario para que todos puedan tener su tiempo ante la pantalla.

Si no entiendes de ordenadores, te resultara difícil llevar el control de lo que los chicos hacen con él, sobre todo en el ciberespacio. Te recomiendo que te informes, que hagas algún cursillo o pidas a un vecino que te explique las nociones básicas.

Y vigila que tus hijos no accedan a material comprometido o inapropiado para ellos a través de Internet. Explícales los riesgos de comunicarse con desconocidos, de divulgar información personal, como nombres, direcciones o números de teléfono. La hija de una amiga mía, de doce años, entró en un *chat* donde había chicos mayores que ella y pasó dos días terribles porque la convencieron de que había practicado el sexo de manera virtual y había perdido la virginidad. Si sospechas que está haciendo algún mal uso de Internet, hay programas con los que podrás saber en qué páginas ha estado tu hijo o bloquear el acceso a las redes que consideres inapropiadas.

Cuando vayas a comprar un ordenador, piensa en un aparato y un software con los que las necesidades de tus hijos queden cubiertas cinco años sin tener que comprar nada más. Como es natural, a ti y sobre todo a los niños os gustará hacer cambios. Las tentaciones de comprar el ordenador más potente y rápido y tanto software como admita el disco duro son muy fuertes y, como en otros ámbitos del consumo, es muy fácil perder la cabeza y comprar sin ton ni son. Ten siempre presente lo que realmente necesitan.

Hoy en día pueden conseguirse equipos de informática a precios razonables. Tal vez puedas gastar un poco menos y es segurísimo que podrías gastar mucho más, aunque con un poco de suerte tal vez encuentres un ordenador de segunda mano en buen estado que pueda cubrir las necesidades de los niños durante unos años.

Lo mires como lo mires, los equipos de informática y el software son caros, pero un ordenador será una herramienta fundamental en el porvenir de tu hijo y en su supervivencia en el mundo de mañana. Si no te queda otro remedio, prescinde de los walkman, consolas de videojuegos, estéreos, reproductor de compactos e incluso (o más especialmente) de la televisión en favor de un equipo de informática para tus chicos.

Si estableces unas normas de uso del ordenador que sean adecuadas (apartado 11) y supervisas las actividades que tus hijos realizan con él, este aparato será una de las mejores inversiones que puedes hacer para el futuro.

# 5

# El niño independiente

## 28

### *Alienta la independencia desde muy temprana edad*

CUANDO UN NIÑO deja el útero de su madre, empieza su viaje hacia una independencia que se consigue finalmente alrededor de los dieciocho años. Nuestra obligación es ayudar a nuestros hijos a efectuar la transición de bebé a niño y después a adolescente y joven adulto.

Nuestro desafío tiene dos caras. Debemos enseñar a nuestros hijos a hacer frente a las situaciones de la vida a medida que se van presentando. Y tenemos que aprender además a reconocer los momentos en que el niño ya está preparado para disfrutar de nuevas libertades y ofrecérselas con cariño y de buen grado.

Comprende los fallos de tus hijos y enséñales que los hay inevitables. Enfoca cada revés como parte de la experiencia del aprendizaje, tanto para ellos como para ti.

Estáte atenta a su grado de madurez y responde a las señales que oigas y veas: un bebé que se despierta con el pañal seco está preparado para el adiestramiento del control de esfínteres; un niño que pregunta sobre letras está preparado para aprender el alfabeto; los niños que te observan atentamente cuando haces la cena están preparados para ayudarte en la cocina.

No esperes a que tus niños te pidan más libertad. A menudo, los padres cometen el error de mantenerse firmes hasta que los niños se rebelan, exigiendo acostarse más tarde, por ejemplo.

Evalúa de manera continua cuánta libertad puedes darles. Hacia la época de sus cumpleaños piensa en aumentarles la paga o permíteles quedarse media hora más despiertos antes de apagar las luces. Cuando con buenas notas y una conducta responsable demuestren que se puede confiar en ellos, dales incluso más libertad.

Si los niños notan que sus padres ven con confianza este alejamiento gradual del nido, si ven que los padres se alegran cuando asumen nuevas responsabilidades y saben que apoyan sus esfuerzos hacia la autosuficiencia, los recompensarán con la misma confianza y respeto con que los padres los tratan a ellos.

Esto es especialmente importante con los adolescentes, lo cual no quiere decir que debas permitir que tus hijos adolescentes vivan sin ningún tipo de control, sino todo lo contrario. Los adolescentes necesitan un tipo distinto de supervisión, porque las drogas, el alcohol y el sexo se han convertido en un punto importante en la vida de todos. Tendrás que poner toque de queda, insistir en que se comuniquen contigo por teléfono a horas establecidas y asegurarte de que cuando vayan a casas de amigos en éstas haya siempre algún adulto.

Hazles saber que, si abusan de su libertad, si sus notas bajan o toman drogas, beben o tienen cualquier otra conducta irresponsable, revocarás sus privilegios.

Ser demasiado liberal puede hacer más daño que ser excesivamente protector. Los niños necesitan estructuras, seguridad y coherencia a fin de sentirse confiados y saber que son amados.

¿Cómo saber cuánta libertad puedes dar a tus hijos? Observa con atención y seriedad su conducta, sus notas, a sus amigos, y si cumplen las normas domésticas establecidas.

Muchos niños son muy literales y seguirán las normas al pie de la letra aunque a veces tergiversarán su sentido todo lo que puedan. El profesor de expresión corporal de Sasha le pidió que no llevara comida de casa a los ensayos de la obra de teatro que estaban preparando, por lo que la chica y sus amigas pidieron una pizza, que les fue llevada al colegio. («Pero si no era comida de casa, mamá.») Al profesor no le pareció nada divertido.

Los niños como Sasha que tienen la habilidad de encontrar pretextos deben ser controlados con un poco más de atención, y deben dárseles más privilegios cuando hayan demostrado que saben hacer un uso responsable de los que ya han obtenido.

Un día, ese niño de tres años que se te agarraba con desespero a la pierna se habrá convertido en un adolescente feliz e independiente. No es fácil, claro está. Se necesita mucho amor, paciencia, sabiduría y buena voluntad por tu parte para permitirles que cometan sus propios errores; pero a medida que el niño va ganando independencia, tú también la ganas, y la vida será más simple para todos.

## 29

### *Prueba otras tácticas de separación*

INICIA A TUS HIJOS en el camino de la independencia advirtiéndoles que no pasa nada si no estás siempre con ellos. Matricula a tu hijo de tres años en un jardín de infancia y contrata canguros para que vigilen a los pequeños en casa. Deja que los niños aprendan que pueden confiar del todo en otras personas que no son papá y mamá, que éstas se ocuparán de sus necesidades y que pueden sentirse seguros e incluso felices con otros cuidadores.

Empieza dejando a tu hijo un período corto en el jardín de infancia o al cuidado de una canguro hasta que se acostumbre a la nueva situación. Prolonga el tiempo de una manera gradual. A algunos niños no les importan las separaciones largas; otros, en cambio, no soportan ni las más cortas. Presta atención a las necesidades individuales de cada hijo.

Si lloran cuando todavía te ven pero dejan de hacerlo en el mismo instante en que desapareces, todo va bien. Si siguen llorando y, cuando vuelves, se aferran a ti más que nunca, tal vez deberás esperar un tiempo para intentar salir de nuevo. Peter siempre fue un niño muy independiente. Sasha, de pequeña, sólo quería estar con su mamá o su papá, pero se acostumbró a unas canguros regulares. Ambos estuvieron en condiciones de asistir a una clase preescolar a los dos años.

En cambio, Andrew fue siempre un bebé muy feliz e independiente que a los dos años empezó a necesitar la presencia de la madre y que se alteró terriblemente cuando Vera lo llevó a un jardín de infancia. La batalla emocional que ello suponía no compensaba las ventajas que pudieran derivarse de esa actividad tanto para la madre como para el pequeño, por lo que Vera decidió darlo de baja ese año. Los niños pueden beneficiarse de las aptitudes de socialización que aprenden en el nivel preescolar, pero tienen tiempo de sobra para desarrollarlas a los tres y a los cuatro años. Al año siguiente, Andrew, que ya había cumplido tres, fue encantado al jardín de infancia.

He aquí unas tácticas para superar esa ansiedad causada por la separación:

1. Mantén el número de separaciones en un mínimo cada día. No vuelvas a casa entre dos gestiones si tienes que volver a salir y dejar al niño de nuevo. Organiza el día o la noche de tal manera que sólo tengas que marcharte una vez.
2. Cuando inviten a tu hijo a casa de un amigo, prepáralo de forma que vayan los dos niños juntos a la salida de la escuela. Si tu hijo va primero a casa, tal vez le resulte muy difícil separarse de tu lado por segunda vez en un día.
3. Cuando vayas con tu hijo a un sitio nuevo, quédate en segundo plano hasta que vea que se siente a gusto en la nueva situación o hasta que se distraiga con alguna actividad. Entonces, dile adiós y márchate.
4. Explícale tus otras obligaciones, que tienes otro trabajo que hacer, una cita a la que acudir, una consulta médica que realizar, y que habrá otras situaciones en las que no

podrá ir contigo, porque tú no lo deseas o porque son sitios a los que los pequeños no pueden ir.

5. Si tu hijo tiene dificultades en separarse de ti a la hora de dormir, quédate unos minutos en una habitación cercana y canta o susurra para que él sepa que sigues ahí.

Cuando los niños son pequeños, hay que darles la oportunidad de que exploren el mundo exterior y vean lo interesante que es. Las excursiones a la playa, el zoo, un museo y otras atracciones educativas (si es posible, a otras ciudades y países) inspiran una curiosidad permanente a interesarse por cosas y lugares nuevos.

Cuando los niños sean algo más mayores, inscríbelos en un campamento de verano diurno. Y al crecer un poco más, las estancias de varios días en esos campamentos les enseñarán a valerse por sí mismos.

Aprovecha las excursiones de fin de semana que organizan algunas escuelas. Cuando Peter estudiaba en el instituto estuvo una semana de viaje con su clase, durante la cual visitó museos y centros históricos. Pero aparte del contenido cultural, la experiencia le fue muy valiosa ya que era la primera vez que salía de casa como adolescente independiente y le dio mucha confianza ver que era capaz de depender de sus propios recursos, lo que es, al fin y al cabo, uno de los principales objetivos de nuestros chicos.

# 30

## *Procura que tus hijos hagan todo lo que puedan*

CUANTAS MÁS COSAS sepan hacer solos los niños y cuantas más aprendan de ti y de sus hermanos, más simple será la vida para todos. Desde muy pequeños, incluso sin estímulos externos, los niños se esfuerzan por independizarse. Los bebés dejan de querer que los tengan en brazos y empiezan a gatear. Los que ya caminan, apartan a los mayores de su camino para explorar el mundo que los rodea. Los niños más mayores afrontan retos más grandes hasta que un día piden las llaves del coche.

Sea cual sea la tarea que emprendan, los niños tienen que sentirse realizados en ella. Alaba profusamente sus primeros esfuerzos por cepillarse los dientes, vestirse, servirse zumo y sacar los cubitos del frigorífico. Dales la oportunidad de destacar de una manera independiente. Deja que se suban solos al columpio sin revolotear junto a ellos, que hagan un dibujo sin recibir críticas, que se preparen un bocadillo sin oír quejas del caos que han organizado en la cocina. Los resultados de sus esfuerzos distarán mucho de ser perfectos, pero mejorarán con el tiempo.

No interfieras a menos que sean ellos los que te pidan ayuda. Si se les complican las cosas, finge no verlo o bríndales ayuda de manera delicada. Decir «¿Quieres que te eche una mano para bajar del árbol?» siempre es más constructivo que «¡Vas a romperte la cabeza! No te muevas hasta que traiga una escalera». Es mejor decir «Tienes que sujetar el vaso mientras lo llenas» que arrancarle el cartón de leche de sus inexpertas manos y gruñir «Lo estás derramando todo. Ya lo haré yo».

Cuando Andrew empezó a vestirse solo, tenía especiales dificultades con la ropa interior. Vera, por su parte, estaba tan contenta de que hubiera tomado la iniciativa de vestirse solo que no lo presionó con la ropa interior hasta que no se hubo familiarizado con las otras prendas de vestir.

No permitas, claro está, que tus hijos hagan cosas peligrosas, pero tampoco temas los pequeños chichones, arañazos y caídas que son inevitables. Recuerda que no estarás siempre a su lado para protegerlos y ayudarlos. Deja, pues, que aprendan cuáles son sus propios límites bajo tu supervisión.

Hay muchas cosas que los niños pueden hacer por sí solos.

Los niños de un año y medio pueden lavarse los dientes, peinarse, subir y bajar del asiento del coche, comer con los dedos o con cuchara y subir y bajar escaleras. (Para bajarlas, ponlos de cara a ellas y que aprendan a bajar primero con los pies y apoyando las manos en los escalones.)

Los niños de entre tres y cinco años empiezan a vestirse solos, abren y cierran puertas, cogen comida del frigorífico, recogen la mesa después de cenar, guardan sus libros y juguetes y se bañan solos (con la supervisión de un adulto).

Resulta útil informarse sobre las fases de desarrollo del niño, sobre todo si es el primer hijo. Hace poco hablé con unos padres jóvenes que estaban muy preocupados porque su pequeño de trece meses no sabía comer con cuchara él solo. Como casi todos los bebés de su edad, prefería tirar la comida y la cuchara al suelo. Un buen libro para reconocer y comprender estas primeras fases de desarrollo es *La infancia*, de Penelope Leach (Plaza & Janés, Barcelona, 1989).

La vida se simplifica mucho cuando los niños alcanzan los seis o siete años y son ya relativamente independientes. Pueden prepararse su tazón de cereales, un bocadillo, servirse un vaso de zumo, servirse en la mesa, cuidar de sus juguetes, ser responsables de su higiene personal, poner en marcha el ordenador y entretenerse solos con un mínimo de supervisión.

Después de cumplidos siete años, puedes empezar a darles tareas concretas como sacar la basura o poner la mesa. A esa edad comienzan a colaborar de una manera efectiva en las actividades domésticas. No les dejes tocar aparatos eléctricos o de gas hasta que sean más mayores, pero anímalos a mirar y ayudar mientras preparas la comida. Además, pueden enseñar a sus hermanos más pequeños a hacer cosas solos.

A medida que crezca, el niño irá asumiendo más responsabilidades de persona adulta. Peter corta el césped, saca la basura y hace recados en coche. Sasha ayuda con la compra, guarda los alimentos al llegar a casa y ayuda a Andrew a limpiar su habitación. Todas estas cosas enseñan a los niños a tener confianza en sí mismos y, a la vez, simplifican en gran manera la vida familiar.

# 31

## *Enseña a tus hijos a utilizar los electrodomésticos*

«Pero si no sé cómo funciona.» ¿Cuántas veces has oído esas palabras al pedirles a tus hijos que pongan en marcha la lavadora o el lavavajillas o que saquen la ropa mojada de la lavadora y la metan en la secadora?

Y además están el microondas, el horno, la batidora, el teléfono, el contestador automático, el reproductor de compactos, el vídeo, el equipo estéreo, etcétera. A los niños hay que ayudarlos con todas esas cosas hasta que aprendan a utilizarlas solos.

Piensa en cuánto tiempo dedicas a cocinar, a la colada, a pasar el aspirador, a cortar el césped y a preparar tostadas. Imagina el tiempo que podrías ahorrar si enseñaras a tus hijos a utilizar los electrodomésticos.

Así, la próxima vez que tu chico te pregunte si ya le has lavado los pantalones de gimnasia porque al día siguiente los necesita, acompáñalo a la lavadora y enséñale a utilizarla.

Cuando caigan más cereales fuera del tazón que dentro, busca la escoba y el recogedor y enseña al pequeño a barrerlo.

Los chicos de cinco o seis años pueden aprender a poner en marcha aparatos que no puedan hacerles daño: el televisor, el vídeo e incluso el ordenador son, relativamente, poco peligrosos, aunque tienen que comprender que no está permitido meter galletas en la disquetera.

Hacia los diez años los niños pueden utilizar solos cualquier electrodoméstico a excepción de los aparatos que generen mucho calor. Hay que vigilarlos con las cocinas y los hornos hasta que tengan trece o catorce años. Sasha cocina muy a menudo y sabe utilizar el horno, pero sus padres procuran que haya un adulto cerca para que no ocurra ningún percance.

Cuando tus hijos sean lo bastante mayores para hacer trabajos importantes en el jardín, enséñales a utilizar correctamente el cortador de césped, el aspirador de hojas, el tractor de hierba y cualquier otro equipamiento de jardinería. Supervisa de cerca sus primeras aventuras con las herramientas mecánicas. Vera y Tim tienen un buen jardín y Peter los ayuda a cuidarlo desde que tenía diez años. Empezó a recoger hojas secas con un carro enganchado al tractor. Ahora utiliza casi todas las herramientas de la casa, a excepción de la sierra de cadena. Vera prefiere que su hijo siga entero.

## 32

### *Enseña a tus hijos a responsabilizarse de su espacio y de sus cosas*

«Mamá, ¿dónde están mis rodilleras? ¡El partido de fútbol empieza dentro de diez minutos!»

«¿Quién ha cogido el libro que traje de la biblioteca? Anoche, antes de acostarme, lo dejé en la mesa de la cocina. ¿Lo has encontrado bajo mi cama? ¿Quién lo puso ahí?»

Piensa en la cantidad de tiempo que ahorrarías si no tuvieras que dejar de hacer lo que estás haciendo una decena de veces al día para ir a la caza de las pertenencias de tus hijos. Te simplificará muchísimo la vida enseñarles a que se responsabilicen de sus cosas.

Como en todos los demás procesos de simplificación, cuanto antes empieces, mejor. Cuando Peter era un bebé, Tim y Vera estaban a su entera disposición las veinticuatro horas del día. Asombrados por el ser mágico que habían traído al mundo, limpiaban todo lo que ensuciaba, le recogían los juguetes y le compraban todo lo que deseaba.

Ahora, es el único de los hijos de Vera que no vuelve a guardar las cosas en su sitio. Tampoco ha aprendido a devolver lo que toma prestado, deja los envoltorios de los caramelos en cualquier lugar y Vera todavía tiene que recordarle que limpie la encimera de la cocina cuando termina de prepararse un bocadillo.

Cuando, de puro cansancio, Vera y Tim vieron que habían descuidado una faceta importante de la educación de su hijo, ya era demasiado tarde. Sólo tenía cuatro o cinco años pero ya había desarrollado malas costumbres. Han pasado diez años intentando acabar con ellas, pero esos hábitos están muy arraigados. Si eres indulgente con tu hijo en estos aspectos, no le estarás haciendo ningún favor y a vosotros como padres tampoco os beneficiará en absoluto.

He aquí unas medidas que puedes adoptar para que tus hijos adquieran buenas costumbres desde muy pequeños:

1. Asegúrate de que todos los objetos de uso frecuente tienen un lugar donde guardarse y que los niños saben cuál es: las tijeras en el cajón superior del escritorio, la linterna en el armario de la cocina, la escoba se cuelga en el cuarto de la limpieza, etcétera.
2. Enseña a tus hijos a guardar todo lo que utilicen, sus cosas y las vuestras. Al principio, que capten este mensaje requiere mucha paciencia, pero si optas por el camino fácil y las guardas tú misma, nunca aprenderán a hacerlo solos.
3. Si los niños no limpian lo que ensucian después de recordárselo varias veces, no les permitas ver la televisión o gozar de otros privilegios hasta que lo hayan hecho. O si dejan un montón de juguetes al pie de la escalera, ponlos en una caja y escóndelos hasta que los niños los echen de menos y se avengan a guardarlos en su sitio.
4. Ayúdales a limpiar sus habitaciones cuando son pequeños, pero no lo hagas todo tú.
5. Busca un lugar para el material deportivo y asegúrate de que lo guardan en su sitio después de utilizarlo.
6. Cuando los niños lleguen con la ropa mojada y llena de barro después de un partido de fútbol, enséñales a llevarlo todo a la lavadora y, cuando sean más mayores, enséña-

les a utilizarla, así como también la secadora. No más camisetas con barro incrustado y pantalones enmohecidos en el fondo de un armario.

7. Y enséñales que, cuando pierden algo, ellos y no tú son los responsables de buscarlo.

# 33

## *Libérate de la tiranía del teléfono*

YA TE HAS LIBRADO de las líneas telefónicas extra y ahora te limitas a una sola línea y a varias extensiones situadas en lugares adecuados de la casa más un contestador automático y quizás un teléfono móvil. Estás ahorrando mucho dinero en facturas de teléfono, pero parece que pierdes incontables horas al aparato. Tienes que organizar recogidas de los niños en coche, concertarles citas con los amigos y pedir hora al médico.

Ha llegado el momento de que empieces a enseñar a tus hijos a utilizar el teléfono. Hacia los cinco o seis años, los niños quieren atender las llamadas y ya pueden aprender a responderlas de manera correcta. Enseguida aprenden a decir «¿Diga?» o «¿Quién llama, por favor?» y al poco tiempo son capaces de transmitir un mensaje coherente y recibirlo.

Como es natural, lo más fácil es dejar que sea el contestador automático el que reciba las llamadas y que los niños vean quién llama. Si es para ellos o tienen alguna razón importante para hablar con la persona que está al otro lado de la línea, que lo atiendan. De otro modo, que permitan que esa persona deje el mensaje en el contestador.

Enseña a tus hijos a decir que estás ocupada cuando no puedas ponerte al aparato y a pedir que llamen más tarde. A los niños no les cuesta nada decir lo que estás haciendo y dónde, y ésa es una información que la otra persona no necesita tener.

Cuando tus hijos se hagan mayores, pídeles que se acostumbren a escribir todos los mensajes que reciban. Ten siempre una libreta y un bolígrafo junto al teléfono para que ellos sepan dónde escribirlos y tú dónde encontrarlos.

Enseña a tus hijos el número de teléfono de casa y cómo llamar a la policía local en casos de emergencia. Luego pueden empezar a aprender los números de sus amigos y a concertar sus propias citas si al principio les ayudas. Antes de hacer invitaciones o aceptarlas tienen que pedir permiso y consultarte cuándo es el mejor momento para esa cita, pero ésa es toda la ayuda que deberás ofrecerles.

Ten una lista de los teléfonos de los amigos de los niños como referencia. Pídeles que la actualicen un par de veces al año.

Enséñales a utilizar la guía de teléfonos y los servicios de información general. De ese modo podrán saber a qué hora empieza una película concreta en un cine determinado o el nuevo trayecto de una línea de autobús. Pueden tener su rueda de teléfonos y, cuando un partido de fútbol se posponga, llamar al siguiente amigo de la lista. Enséñales también a cancelar una clase de equitación, a cambiar una cita con el dentista, a mandar flores, a llamar al hospital pidiendo información sobre un paciente y, por último, a llamar al extranjero. Son cosas que a la larga deberán aprender, por lo que, cuanto antes empiecen, mejor.

También puedes enseñarles que no tienen que coger el teléfono siempre que suene. Convierte en un hábito no atenderlo cuando disfrutéis de un momento de tranquilidad todos juntos o cuando estés a punto de marcharte para ir a una cita. (Escucha un momento el contestador para asegurarte de que la cita a la que te disponías a ir no se ha cancelado y luego atiende esa llamada cuando no tengas prisa ni te estén esperando.)

Si a tus hijos les encanta hablar por teléfono, establece un tiempo límite para sus conversaciones. Pon un reloj de cocina y cuando suene la alarma deberán despedirse y colgar. Insiste en que hagan sus tareas domésticas y escolares antes de llamar a los amigos.

Enseña a tus hijos que el teléfono es para dar o recibir mensajes concretos y que guarden las conversaciones para la salida de la escuela o cuando jueguen con sus amigos. El teléfono no es para el cotilleo, las bromas, las discusiones interminables acerca de quién dijo qué a qué persona o para llamadas en cadena. Practica con el ejemplo haciendo llamadas cortas y precisas: un saludo, una breve charla, el objeto de la llamada y la despedida.

## 34

### *Ayuda a tu hijo a lograr la independencia económica*

CUANDO TUS HIJOS se hagan adultos y trabajen, empezarán a recibir pagas regulares. Tendrán que saber administrar el dinero para los gastos fijos y ahorrar para comprar algo costoso o por si surge alguna dificultad. Entre los seis u ocho años, hay que empezar a darles una paga para que aprendan a administrar, ahorrar y gastar.

¿Qué cantidad debes darles a los tuyos? Depende del niño, su nivel de madurez, sus necesidades concretas en los gastos escolares y transporte, y depende también de la situación económica de la familia.

Los chicos tienen que administrarse el dinero para sus gastos regulares mensuales y para comprarse lo que desean. Pueden recibir su paga semanalmente, cada quince días o cada mes.

Para fomentar el ahorro, ofrécete a darles cada mes, como extra, la misma cantidad que han conseguido ahorrar. Asegúrate primero de que con esos ahorros quieren comprar algo que tú apruebas.

Algunos padres insisten en que los niños dediquen algo de dinero a beneficencia, lo cual requerirá un mayor esfuerzo. Si colaboras económicamente con causas que valen la pena, comunica a tus hijos cuándo piensas hacer la donación y pídeles que añadan un poco del suyo al donativo de la familia.

A medida que el niño crece, sus necesidades y sus intereses van cambiando. Cuando Peter llegó al instituto, a Vera le fue mucho más fácil decidir una cifra anual para todos sus gastos que afrontar las constantes peticiones de dinero. Peter recibe la parte correspondiente de ese total cada dos semanas y sabe que no puede pedir más dinero si lo gasta antes de tiempo.

Peter aprendió enseguida a administrarse para comprar ropa, zapatos, almuerzos en la escuela, material deportivo, entradas a conciertos, para las salidas con los amigos, y también para ahorrar. Su familia todavía paga sus gastos médicos y educativos, como los viajes con la clase del instituto. Desde que conduce, sus padres le restan una parte de esa paga para que contribuya al seguro del coche. Con este sistema, Peter no sólo ha aprendido a manejar dinero (es mucho más cuidadoso a la hora de gastar su dinero que cuando gastaba el de sus padres) sino que, además, la vida se ha simplificado para todos.

Mis padres utilizaron conmigo un sistema similar y siempre les he estado agradecida por la sensación de confianza que me dieron al permitir que me administrara el dinero. Ellos creían que a los niños no debe pagárseles por ayudar en las tareas domésticas, ya que limpiar su habitación, cuidar de su ropa y ayudar con la cena y los platos son trabajos que todos los niños deben hacer como miembros de la familia.

Sin embargo, considera la posibilidad de pagarles trabajos especiales. Si uno de tus hijos cuida de un hermano más pequeño mientras vas al supermercado, debes considerarlo una ayuda; pero si hace de canguro porque tú y tu pareja salís a cenar o al cine, es un trabajo pagado. Hay otros trabajos como pintar, limpiar el garaje y lavar el coche con los que los chicos pueden ganar algo de dinero.

# 6

# Unas simples prácticas de educación

## 35

## *Desarrolla una relación de intimidad con tus chicos*

LOS NIÑOS QUE SE SIENTEN amados progresan a nivel psicológico, emocional, social e intelectual. Los niños que no son amados o que nunca han tenido un contacto íntimo con sus padres tienen dificultad en establecer relaciones y manifiestan bajo rendimiento escolar. Además, suelen adoptar actitudes rebeldes y tienden a experimentar con el alcohol, las drogas y el sexo.

He aquí unos cuantos consejos para forjar una relación sólida que sobrevivirá a la infancia, a una adolescencia emocionalmente cargada y a todos los años que transcurran entre ellas:

1. Di a tus hijos que les quieres. Nunca desaproveches la oportunidad de decírselo. A medida que crecen y se produce el natural alejamiento, se hace más difícil, pero sigue diciéndoles que les quieres y dales un beso o un abrazo a hurtadillas. No te desalientes si no te lo devuelven. La misión de los hijos es establecer su independencia y parecer que no quieren tu cariño, pero debes seguir junto a ellos y dárselo.
2. Demuéstrales que les quieres. Pasa ratos con ellos, dales besos y abrazos, escucha lo que te cuenten, juega con ellos. Ve a las conferencias y conciertos de la escuela, asiste a sus competiciones deportivas y sus obras de teatro escolares.

3. Acepta a tus hijos como son. Gran parte del carácter del niño está más allá de nuestro control. Lo que sí podemos controlar es nuestro trato hacia ellos y lo que decimos. Estimula los intereses y las aptitudes especiales del pequeño. No intentes convertirlos en lo que no son. Es probable que tu hijo nunca sea la estrella del equipo de baloncesto con quien a ti te gustaría jugar, y tu hija tal vez prefiera jugar al fútbol en lugar de convertirse en la concertista de piano que habías soñado.

4. Ama a tus hijos de manera incondicional. Eso significa amarlos a pesar de todo. No significa que no puedas enfadarte con ellos, lo que quiere decir es que no puedes castigarlos privándolos de tu amor si te enfadas con ellos.

5. Cuando te enfades con tu hijo, plantea la cuestión y pasa por alto su carácter. Aunque haya hecho algo mal, eso no lo convierte en una mala persona. Para inculcar esta idea, utiliza frases como «Yo te quiero mucho pero no me gusta nada lo que has hecho» o «Estoy decepcionada con tu conducta». Nunca digas «En ti hay algo que no anda bien» o «Cómo puedes ser tan estúpido». Comunica tu malestar, mantente firme en el cumplimiento de las normas, pero nunca menosprecies su carácter.

6. Estáte pendiente de los problemas y necesidades de tu hijo. A medida que lleves a cabo el proceso de simplificación, ten presente que una de las razones más importantes de simplificar la vida es la de poder dedicar más tiempo a tu hijo. De ese modo podrás comprender sus altibajos y, cuando tenga un problema, verá un cambio en tu conducta y podrás aconsejarle cómo afrontarlo.

Por ejemplo, si tienes un niño de cuatro años al que de repente le horroriza ir a dormir, en vez de forzar la cuestión y que el pequeño termine llorando y haciendo una escena, enfócalo de otra manera. Tal vez necesita un cuento algo más largo o cinco minutos más de arrumacos.

O si un preadolescente se muestra taciturno y poco comunicativo, puede ser una fase natural o puede que tenga problemas de estudios o de relación social. Podrás intervenir enseguida porque conoces bien al chico y verás que algo anda mal. Si estás sintonizada con tus hijos y con lo que ocurre en las vidas de éstos, sabrás cuándo contenerte y cuándo presionar para que te expliquen qué les pasa. El doctor Spock siempre decía que todos sabemos cómo criar a nuestros hijos. Cuando nos tomamos tiempo para hacerlo, podemos utilizar nuestro conocimiento intuitivo y encontrar soluciones factibles a los problemas de los chicos.

7. Encuentra un interés mutuo. Cuando los niños crecen se alejan de nosotros. No puedes obligarlos a que se queden a tu lado, pero sí puedes encontrar actividades conjuntas que alienten una intimidad continuada. Esto es especialmente importante con los adolescentes ya que, si no encuentras algo que hacer con ellos, se convertirán en extraños.

Cuanto antes empieces a practicar actividades conjuntas con tus hijos, más fácil será que sigas formando parte de su vida cuando crezcan. Y cuanto más habituales sean dichas actividades en la vida de tus hijos adolescentes, como dibujar juntos, salir en bicicleta, pasear, hacer acampadas, más oportunidades tendrás de abordar cuestiones tan importantes como el sexo, el tabaco, la bebida y las drogas.

8. Reconoce sus avances. Diles lo orgullosa que te sientes de ellos. Que sepan que notas sus esfuerzos, por pequeños que sean, desde empezar a vestirse solos, recoger sus juguetes, recibir correctamente un mensaje telefónico hasta sacar mejores notas. Con eso no sólo se fortalece el vínculo entre tú y ellos sino que advierten que estás pendiente de sus logros y ello les da expectativas por las que vivir.

## 36

## *No pierdas el sentido del humor*

LAS COSAS PUEDEN PONERSE DIFÍCILES. Combinar el trabajo fuera del hogar con la familia y las preocupaciones económicas, tratar con niños y con padres ancianos y mantener la casa en orden son sólo unas pocas de las presiones con las que solemos convivir.

Esa carga se aligera en gran manera cuando aprendemos a descubrir el humor en nuestras vidas. Por más que queramos enseñar a nuestros hijos a ser responsables y serios, no queremos que crean que la edad adulta es una carga tan horrible que deseen ser niños para siempre.

Con los chicos, casi todos los temas pueden tratarse con buen humor y buena voluntad. Convierte en un juego las tareas domésticas diarias como recoger juguetes, los buenos modales en la mesa y otros asuntos relativamente mundanos. Aunque te pongas seria para que hagan determinada tarea, añade algo de humor a la situación y será una experiencia más feliz para todos.

Y si los niños hacen o dicen algo divertido cuando se «supone» que deberían estar serios, no te olvides de reír. La risa no socavará tu autoridad ni saboteará las lecciones que tus hijos deban aprender sino todo lo contrario: te amarán por tu capacidad para ver el lado alegre de la vida.

La otra ventaja de tomarte los problemas con alegría es que, cuando te pongas seria, tus hijos lo entenderán enseguida. Cuando utilices el tono de voz que indique que se ha terminado la broma en los temas más serios, sabrán que deben dejar de hacer el tonto y escuchar lo que dices. Entre los temas serios se cuentan los deberes escolares, la hora de acostarse, el trato respetuoso hacia los padres y demás adultos, decir la verdad, cumplir las promesas y las peleas entre hermanos. Más tarde, los temas serios serán el tabaco, la bebida, el alcohol y el sexo.

Dedica un rato cada día a divertirte con tus hijos. Asegúrate de que sea una actividad con la que ellos lo pasen bien, como las construcciones de madera, jugar a las cartas o con la casa de muñecas, leer un cuento, los juegos de ordenador o el windsurf.

Mantén la espontaneidad en la vida. De vez en cuando, rompe la rutina habitual: invítalos a su helado preferido aunque después no cenen, o hazlo en lugar de la cena. Mételos a todos en el coche y salid a pasear a la puesta de sol. O recoge la mesa y friega los platos a cambio de un beso y un abrazo, sólo por esa noche y sólo porque les quieres.

Consigue un buen equilibrio entre el trabajo y el ocio, y propónte actividades que les den a todos la oportunidad de disfrutar juntos.

## 37

### *Aprende a tener paciencia*

UNA CLAVE PARA APRENDER a tener paciencia es aceptar el hecho de que los niños no pueden hacer las cosas tan deprisa y tan bien como nosotros, y aprender a adaptar nuestras expectativas a sus habilidades. La impaciencia y las expectativas poco realistas suponen enfrentamientos, enfados y frustraciones constantes, tanto para ti como para ellos.

Tomemos el ejemplo de caminar. Tus piernas miden el doble que las de tu hijo de dos años y medio. Y sin embargo, muchas veces le habrás dicho «más deprisa» o «no pierdas tiempo» en vez de adaptar tu paso al del pequeño.

¿Cuántas veces les hemos dicho «date prisa y come»? Los niños no pueden comer deprisa, y no deben hacerlo. Engullir un almuerzo no es sano, y no obstante esperamos que coman tan deprisa como nosotros.

Que se vistan solos, hasta que le cogen el truco, es una cruz. Están demasiado ocupados y no pueden cambiarse de ropa, no encuentran la camiseta favorita, no distinguen la parte de delante de la de detrás de unas braguitas, y luchan por ponerse los calcetines y los zapatos.

El aprendizaje del control de esfínteres es también una prueba de paciencia, desde limpiar los percances hasta buscar un baño en el supermercado, sobre todo cuando la niña había dicho que no tenía ganas de ir justo antes de que la enfundaras en su mono de cremallera.

Como adultos, nuestra paciencia es puesta a prueba en multitud de ocasiones: peticiones de vasos de agua a la hora de dormir; preocupaciones relativas a monstruos; pesadillas que interrumpen el sueño que tanto se necesita; desapariciones misteriosas de deberes escolares; rivalidad entre hermanos, con los gritos, las culpas y las mezquindades consiguientes; la pequeña de cuatro años que pregunta «¿por qué?» cada dos minutos; el adolescente que saca excelentes en química pero nunca limpia la encimera de la cocina después de prepararse un bocadillo, etcétera.

Lo único que se puede hacer es respirar hondo, aceptar su conducta como parte natural de su crecimiento y adaptarse.

Concédete más tiempo para ir de un lugar a otro.

Cuenta con que vas a necesitar cinco minutos extra para esperar a que tu hijo encuentre el juguete perdido.

Si te cansas, echa una cabezadita. Un descanso, siquiera sea de cinco o diez minutos, beneficiará mucho tu estado mental. Y si puedes, acuéstate más temprano.

Convierte en un juego el vestir a tu hijo. Utiliza la distracción como herramienta cuando se te agote la paciencia o estés cansada de una actividad concreta.

Cuando en la casa haya mucho ruido, apártate del caos: manda a los niños a sus habitaciones o vete a la tuya.

Hagas lo que hagas, no te enfades. Los niños no tienen la capacidad ni el autocontrol de hacer las cosas con la rapidez con que nos gustaría que las hicieran. No es que se porten mal, se trata sólo de su lentitud natural y su inmadurez.

Cuando tengas un problema de disciplina, en vez de enfadarte y gritar, tómate un tiempo antes de reaccionar. O piensa por anticipado en las consecuencias de la conducta del niño, y así ya tendrás una respuesta preparada cuando la necesites.

Por ejemplo, la próxima vez que tu hijo se niegue a hacer la tarea doméstica que le ha sido asignada, en vez de gritar y proferir amenazas, explícale con paciencia y tranquilidad que no podrá ver la televisión o jugar con sus cosas hasta que no haga esa tarea. Si no colabora, no le permitas ver la televisión o niégale cualquier cosa que te pida, explicándole por qué.

# 38

## *Reconoce que es algo más que una fase*

Los niños maduran de maneras distintas y a ritmos diferentes: los recién nacidos empiezan a moverse, los dulces bebés se convierten en revoltosos niños de dos años, los mimos de los tres años dan paso a la independencia y también a los miedos de los cuatro y así sucesivamente. Cada edad tiene sus peculiaridades propias, y cada niño se desarrolla a su propio paso. Hay algunos que a los tres son terribles en vez de serlo a los dos y hay niños que nunca son terribles.

Gracias a los libros acerca del cuidado de los niños y a los recuerdos de tu infancia, sabes que son fases que se superan; pero el pequeño no lo sabe. Para él, cada momento es nuevo, cada experiencia otro desafío. Y todos los desafíos deben tratarse con seriedad.

Las fases de la infancia son bloques que los niños utilizan para construir los cimientos de su vida futura. Con la ayuda de los padres, estos cimientos aportan solidez al carácter, confianza en sí mismo y esperanza. Pero si dices «es sólo una fase», restas importancia a lo que está ocurriendo en ese momento concreto. Los niños pueden quedar detenidos en cualquier punto de su desarrollo si no obtienen la ayuda y la comprensión que necesitan. Ésa es una de las razones que explican por qué hay adolescentes que no saben hacer nada solos y que de vez en cuando aún recurren a las rabietas para conseguir lo que desean.

Los padres que infravaloran las experiencias de sus chicos diciendo que «son sólo una fase» toman a la ligera la seriedad y profundidad de los sentimientos de éstos y les hacen un gran daño. Entonces es cuando los chicos empiezan a pensar que sus padres no los comprenden, no les escuchan o no se preocupan por ellos, y es cuando se vuelven a los amigos en busca de ratificación. Y entonces el problema ya se te habrá ido de las manos. He aquí unos cuantos consejos que te ayudarán a superar etapas difíciles:

1. *Estudia el problema atentamente*
Si el niño todavía no habla, descubre qué le provoca las rabietas, las dificultades a la hora de dormir o un comportamiento agresivo o inadecuado. A menudo los niños tienen rabietas cuando están cansados. Adelanta la hora de la siesta o de acostarse. Con frecuencia, los problemas a la hora de dormir o la agresividad están causados por demasiada televisión. Elimina la televisión unos días para ver si las cosas mejoran.

Utiliza la misma actitud con otros problemas, es decir, descubre la causa y ponle remedio. Recurre a una sola solución cada vez y evalúa sus efectos. De ese modo, sin cambiar muchas cosas a la vez, sabrás qué es lo que mejor funciona.

Si el niño ya es mayor, observa lo que desencadena la conducta problemática. Tal vez tu hijo replique con insolencia después de jugar con un amigo determinado o tu hija tenga miedo después de haber estado con una canguro concreta. Obsérvalos con atención y luego pregúntales qué pasa.

## 2. Escucha a tus hijos

Escúchalos con atención sin juzgarlos ni criticarlos. A veces ellos saben exactamente lo que les pasa pero no quieren contártelo por temor a tu reacción. Evita las evasivas, el sarcasmo o el nerviosismo cuando un niño te explique lo que le pasa. Sé racional y razonable y escucha todo lo que tenga que decir. Mira la situación desde el punto de vista del pequeño y ayúdale a encontrar una respuesta o solución que satisfaga sus necesidades.

Y otras veces no saben lo que les pasa. Entonces tendrás que escuchar con más atención aún, unir las diversas pistas y descubrir lo que ocurre.

## 3. No te conviertas en parte del problema

Tal vez, pese a tu buena voluntad, estés exacerbando las situaciones. ¿Tan severas son tus restricciones que un niño que lucha por la independencia se siente agobiado? ¿Trabajas tanto fuera de casa que los niños creen que no te importan nada? Cuando quieren hablarte, ¿abandonas cualquier cosa que estés haciendo y les escuchas? Ayúdalos a resolver el problema en vez de sumarte a él.

## 4. Corrige la conducta inadecuada

Si el niño hace algo mal, tendrás que imponer tu autoridad con firmeza y recordarle cuáles serán las consecuencias si la mala conducta continúa. Una «mala» fase dura más cuando los padres no están atentos a las necesidades del pequeño, no son consecuentes para enfrentarse con un problema concreto o sólo se preocupan por complacerlo.

## 5. Pregunta qué puedes hacer para ayudar

A veces un niño se siente agobiado sólo por el hecho de crecer. Hazle saber que estás a su lado y que le comprendes. Pregúntale qué puedes hacer para ayudarlo en un momento difícil. Saber que tú lo apoyas ya será una gran ayuda.

Y si necesita algo de ti, procura darle lo máximo que puedas.

Cuando un momento te parezca abrumadoramente difícil (los peores suelen ser con los niños de dos años y los adolescentes), anímate pensando que tu hijo está creciendo. Con la paciencia y las orientaciones que les des, los chicos llegarán a adultos y habrás trabado con ellos una amistad forjada mediante el apoyo en todos los momentos delicados y turbulentos de su desarrollo.

# 39

## Di la verdad y espera la verdad

PARA TENER UNA BUENA RELACIÓN con tus hijos tienes que poder confiar en que dicen la verdad. Empieza predicando con el ejemplo, y que vean que siempre cumples tus promesas y que nunca les mientes, que ni siquiera dices mentiras pequeñas. Demuéstrales que confías en ellos. Si saben que crees en ellos les será más difícil traicionar esa confianza.

Pero alguna vez mentirán. ¿Cómo saberlo? ¿Y qué hacer al respecto?

Los niños mienten porque no quieren meterse en problemas. Ese móvil es muy poderoso, más fuerte y fácil de comprender para un niño que el valor de decir la verdad. De vez en cuando hay que recordarles que si mienten se meterán en más líos que si dicen la verdad. «No me importa que se haya roto el jarrón. Lo que me preocupa es que me hayas mentido.»

Cuando tengas pruebas de que ha dicho una mentira descarada, confronta al niño con los hechos. Nunca le preguntes si es el culpable o si miente porque casi siempre lo negará. Limítate a decir la verdad que tú sabes: «Robert, cuando he subido a tender la ropa, había tres dólares en la encimera de la cocina y ahora no están. Tú y yo somos los únicos que estamos en casa. Sé que los has cogido tú. Devuélvemelos».

Casi todos los niños confiesan al ser descubiertos, pero algunos se niegan en redondo y juran que no han sido ellos. Explica de nuevo por qué sabes seguro que es culpable y dale un tiempo de reflexión (apartado 42) hasta que diga la verdad.

Si transcurrido este tiempo se niega a confesar, recuérdale la importancia de decir la verdad, las pruebas irrefutables que tienes de su culpabilidad y considera el asunto zanjado. No hay razón para seguir presionándolo porque no llegarás a ningún sitio. Tú sabes qué ha ocurrido, tu hijo sabe que lo sabes y lo has reñido por ello. Es lo mejor que puedes hacer en una situación de este tipo.

Actúa de este modo sólo si tienes pruebas irrefutables de que ha mentido. ¿Qué hacer si sólo tienes sospechas? Si intentas descubrirlo preguntándole si ha roto el jarrón, lo único que conseguirás serán negativas indignadas.

Si no hay personas imparciales que hayan presenciado lo ocurrido, actúa como si tuvieras pruebas auténticas de ello. Por lo general, el niño culpable no discute porque cree que sabes más de lo que realmente sabes, mientras que el niño inocente se sentirá confundido, frustrado y resentido. Así pues, ten presente que si echas la culpa al que no ha sido, tendrás que pedirle perdón.

Si no se aclara la situación, olvídalo todo. Es mejor creer en la inocencia de un niño que castigarlo por algo que tal vez no ha hecho.

Cuando descubras a tu hijo diciendo una mentira, explica lo difícil y serio que resulta restablecer la confianza una vez que ésta se ha roto. Vigila atentamente su conducta: hay todas las razones para sospechar que volverá a mentir.

La sinceridad es muy importante en la adolescencia. Antes de hacerlos responsables del coche de la familia o permitir que se vayan solos de viaje deberás tener plena confianza en ellos.

# 40

## *Mantén abiertos los canales de comunicación*

A LOS NIÑOS LES ENCANTA contar los detalles más insignificantes de sus vidas. Comparten sus experiencias, cuentan historias fantásticas y no paran de hacer preguntas. Ser parte tan integral de sus actividades es divertido; pero a medida que crecen, hacia los doce años, se vuelven mucho más reservados o totalmente incomunicativos. Las conversaciones se convierten en monólogos de los padres, y los adolescentes suelen contestar con un «vale» de vez en cuando o un gruñido.

Para dar a tus hijos las guías que necesitan tienes que saber lo que ocurre en sus vidas, quiénes son sus amigos, qué hacen juntos, qué aprenden en la escuela, cómo se llevan con sus maestros, cuáles son sus intereses, sus problemas y otros aspectos que conforman sus vidas.

Para hacer hablar a un niño reacio, hay que hacerle preguntas muy concretas. Seguramente le has preguntado más de una vez qué ha hecho en la escuela y sólo has obtenido un «nada» como respuesta. Ve al grano y pregúntale, por ejemplo, con quién ha jugado en el recreo, o qué están haciendo en la clase de arte en esos momentos. Este tipo de preguntas abren al diálogo. Luego sigue con cuestiones más específicas, como qué ha pintado un compañero de clase y si le ha gustado.

Empieza muy pronto a inculcar a tus hijos la costumbre de hablar de cómo les ha ido durante el día y si se han sentido bien con lo ocurrido. Hay veces, por supuesto, en que a los niños no les apetece hablar en absoluto. No lo presiones, no le preguntes qué ocurre y muéstrate disponible a escuchar al pequeño cuando decida contártelo.

La hora de la cena y los recorridos en coche se prestan a estas conversaciones. Y la hora de acostarse es especial para tener una charla llena de mimos con un hijo pequeño o una conversación tranquila con uno más mayor.

Ésta es una buena razón para reducir la utilización del walkman, la televisión, los estéreos y los ordenadores o, al menos, establecer normas concretas sobre su uso. Con estos aparatos, a los pequeños les es muy fácil aislarse de sus padres, hermanos o cualquier otra persona.

Recuerda una vez más no juzgar o criticar lo que tus hijos te cuenten. No es necesario extraer una lección de todas las experiencias que el niño te comunique. Si te preocupa algo, háblalo con él, pero absténte de reprenderlo, discutir, gritar o recurrir a otros métodos que impidan la conversación.

Hay veces que es mejor reconocer lo que le ocurre al pequeño que intentar darle consejos. Decirle «estás enfadado» (o apenado, o avergonzado, o lo que sea) le hará saber que te das cuenta de lo que le ocurre. Tal vez ésa sea la única seguridad que necesite para comunicarse.

Cuando lo haga, escúchalo con toda atención. Deja de lado el trabajo, apaga la televisión y céntrate en él.

A menudo, al hablar, los niños encuentran su propia solución y no necesitarán tu consejo. Cuando te parezca apropiado, pregúntale cómo afrontará la cuestión para hacerle pensar en sus propias soluciones.

Establece desde muy tierna edad la confianza de que tú y tus hijos podéis hablar de lo que ocurre en su vida. Mediante el interés y el compromiso, demuestra que, como miembros de la familia, todos tienen la responsabilidad de mantener abiertos los canales de comunicación. Si sigues teniendo problemas, lee *Cómo hablar para que sus hijos le escuchen y cómo escuchar para que sus hijos le hablen,* de Adele Faber y Elaine Mazlish (Medici, Barcelona, 1997).

# Estrategias simples de disciplina

# 41

## *Impón consecuencias lógicas*

LA DISCIPLINA Y LOS CONSEJOS son acciones positivas que demuestran respeto por la integridad del niño. La disciplina se basa en el amor y en las consecuencias lógicas y enseña autocontrol.

El castigo es una fuerza negativa que corroe la autoestima del niño. Se basa en la fuerza y el miedo, y agranda la distancia entre tú y el pequeño.

No bases en el miedo las relaciones con tus hijos. Ellos tienen que sentir que los padres son un refugio seguro en un mundo que sin ellos sería imprevisible. El miedo les enseña a portarse bien porque, de otro modo, serán castigados y no porque es lo que corresponde hacer. Como resultado, muchos niños esperan a que sus padres no estén a la vista para portarse mal.

El objetivo de la disciplina es enseñar a los niños cómo comportarse y ayudarlos a desarrollar una buena conciencia para que aprendan a distinguir el bien del mal. Aunque a veces los pequeños nos pongan a prueba, necesitan la disciplina de los padres para sentirse seguros y a salvo. Deberás ser coherente y firme, sobre todo cuando los chicos pongan a prueba los límites, pero también tendrás que tratarlos con cariño y atención cuando cometan errores.

Y los niños no paran de cometer errores: errores viejos, nuevos, peligrosos, divertidos, caóticos y dolorosos. Esas experiencias son su educación. Tienen que aprender que es natural cometer errores pero que por ellos se pagan unas consecuencias. El concepto de consecuencias lógicas significa que sus actos y tu respuesta tienen que estar relacionados. No te desesperes. Afronta el problema con calma y convierte a tu hijo en parte de la solución.

He aquí una lista de problemas comunes y sus consecuencias lógicas:

*Problema:* Los niños se pelean por un juguete.
*Solución:* Quítales el juguete con calma pero con firmeza. Devuélvelo después de que ambos te prometan que lo compartirán sin pelearse. No intentes averiguar qué niño lo tenía primero a menos que hayas presenciado la escena, en cuyo caso devuélvelo al niño desairado.

*Problema:* Un niño derrama un vaso de leche.
*Solución:* Limpiarlo es responsabilidad del pequeño. Ayúdalo sólo en lo imprescindible.

*Problema:* Tu hijo pega o hace daño a otro niño.
*Solución:* Una advertencia, y si ocurre en casa de un amigo, llévate al niño a casa. Si ocurre en tu hogar, un rato de retiro (apartado 42) será lo adecuado. Dile a tu hijo que no podrá jugar con sus amigos durante unos días; por lo general, eso soluciona el problema.

*Problema:* Tu hijo no cumple las normas de uso del teléfono o de la televisión.
*Solución:* Suspende por unos días sus privilegios de teléfono o televisión.

Los niños repiten pautas de conducta hasta que se los para. Tal vez parezca más fácil dejarse llevar por la condescendencia, pensar «por esta vez...», pero los niños no entienden de condescendencia, y lo único que ven es que no eres consecuente con las normas que has impuesto. Y mientras no los frenes, habrá una próxima vez.

Disciplina a tu hijo en el mismo momento en que se porte mal. A la primera infracción recibirá una advertencia, a la segunda tendrá que afrontar las consecuencias lógicas. Si tu hijo sabe que harás lo que dices, respetará tu autoridad. Los padres incautos se ven despiadadamente pisoteados por hijos indisciplinados, que continuarán creando problemas en el mundo en general.

Que las consecuencias sean lógicas no significa que sean terribles. Quitarles los privilegios demasiado tiempo no resuelve el problema. Los chicos, sobre todo los adolescentes, se enfadan, se rebelan o se cierran en banda si las consecuencias son excesivamente severas. Se trata de darles un empujoncito para que vuelvan al camino, no de obligarlos a la sumisión.

## 42

### *Recurre a los retiros*

IMPONER UN PERÍODO de reflexión al niño es otra herramienta muy útil en el arsenal de la disciplina. Romper el toque de queda o ensuciar la casa tienen unas consecuencias lógicas, pero hay infracciones que no las tienen. Pegar a un hermano, correr de un lado a otro de la casa con gritos de enfado, tener una rabieta o replicar a los padres son ejemplos de mala conducta para los que es difícil encontrar una consecuencia lógica. En estos casos, la mejor táctica es imponer al niño un tiempo de retiro.

Un retiro significa separar al niño de la familia, de la persona a la que esté molestando y de todo lo que sea divertido. Y tiene que pasar en él un período de tiempo establecido o hasta que decida cambiar de conducta. Mientras esté de retiro, no le des conversación. Si intenta salir del retiro antes del tiempo fijado, apártalo de nuevo y añade un minuto más al retiro.

En el retiro hay dos niveles de severidad. En el más suave, los padres mandan al niño a su habitación; si el pequeño tiene allí sus juguetes, puede parecer que lo mandas a jugar por haberse portado mal. Sin embargo, lo que en general se pretende es una separación entre los padres y el niño, y mandándolo a su cuarto se consigue ese distanciamiento.

Si quieres que el retiro sea más que una declaración de principios por tu parte, pon al niño en un lugar aburrido como el descansillo de la escalera o el comedor vacío. Sea como fuere, deberás vigilar que el niño lo cumpla y avisarle cuando ha terminado.

Los retiros tienen resultados positivos por varias razones. Primero, dan a todo el mundo la oportunidad de tranquilizarse y de pensar en lo ocurrido. Segundo, a los niños no les gusta que se los aparte de la acción, sobre todo si tienen que pasarse diez interminables minutos mirando una pared vacía mientras el resto de la familia hace lo que le place.

Muchos expertos sugieren que el retiro tiene que durar tantos minutos como años tiene el niño, por lo que un pequeño de dos hará un retiro de dos minutos, uno de tres, de tres minutos, etcétera. No te excedas imponiendo retiros demasiado largos. Se trata de corregir la conducta del pequeño, no de castigarlo.

Como es natural, hay veces en que el niño pone a prueba a los padres repitiendo la mala conducta cada vez que sale del retiro. En ese caso, sigue añadiendo minutos hasta que se avenga a portarse bien.

Como los retiros son fáciles de imponer, también puede darse el caso de que se abuse de esta técnica. Considera utilizar otras alternativas, como las consecuencias lógicas (apartado 41). Intenta comprender por qué es tan obstinado. ¿Tiene hambre o está cansado? ¿Le dedicas suficiente tiempo? ¿Tiene problemas en la escuela? Resuelve el problema subyacente y corregirás la mala conducta.

Una madre que es maestra de escuela me dijo que utiliza los retiros en clase si ve que está enfadada y a punto de perder el control. De ese modo, se aparta de una situación potencialmente explosiva y da un buen ejemplo a sus alumnos, ya que éstos aprenden a utilizar los retiros para identificar sus propias emociones. Y esta identificación es el primer paso para poder afrontarlas.

Alienta a tu hijo a utilizar los retiros para reflexionar en su conducta y ver la posibilidad de actuar de otra manera cuando vuelva a encontrarse en una situación parecida en el futuro.

# 43

## *Sé coherente*

HE RECIBIDO UNA CONMOVEDORA CARTA de una madre que ha conseguido criar y educar a sus cuatro hijos sin la ayuda moral ni económica de su ex marido. Y aunque ha pasado años de aprietos, hasta se matriculó en la universidad para poder mantenerlos mejor.

¿Su secreto? A la simplificación y la organización añadió coherencia. Sus chicos sabían qué esperar de ella. No se molestaba por una cosa un día y la pasaba por alto al día siguiente. Se guiaban por unas normas que siempre eran las mismas. Respetaban a su madre porque, siempre que la necesitaban, la encontraban a su disposición, y porque ella demostraba un interés sincero y coherente en sus pensamientos y sentimientos.

Los niños necesitan una estructura. Necesitan unas bases sólidas desde las que explorar el mundo, y un sitio donde se sientan seguros cuando lo de fuera les da miedo.

El sentimiento de seguridad viene dado por esta coherencia. Si los niños no temen el estado de ánimo de la madre, confiarán en ella. Si saben que no gritará, le contarán sus equivocaciones. Si saben que se mostrará compasiva, le contarán sus penas. Si saben que escucha, le contarán sus sueños y sus esperanzas (y quizá tal vez lo que han hecho ese día en la escuela).

Si saben que lo esperas, te ayudarán con las tareas domésticas, se controlarán todo lo que puedan para no pelearse entre sí y aprenderán los modales que les enseñes.

Pero los padres tienen que ser coherentes, sea cual sea su estado de ánimo. Los niños son muy hábiles para sacar de sus casillas a unos padres cariñosos. «Eres tan mala» o «te odio» o «me gustaría verte muerto» son frases que se clavan en el corazón de los padres.

Ante este tipo de ira, debes mostrarte coherente. Si sabes que has sido razonable y que las normas establecidas son las adecuadas, mantén la calma y espera a que pase la tormenta. Tus hijos tienen que ver que no pueden manipularte.

Tanto si eres de tendencia autoritaria como si tu actitud es más permisiva, ser coherente siempre funciona porque crea un mundo seguro y previsible para tus hijos.

## 44

## *Enseña a tus hijos a asumir la responsabilidad de sus actos*

A LOS NIÑOS NO LES GUSTA meterse líos. En realidad, a casi nadie le gusta. La respuesta natural cuando los pillan es echar la culpa a otros:

«Ella me pegó primero.»
«Él me dijo que lo hiciera.»

O fingir ignorancia:

«No sabía que era hoy cuando tenía que entregar ese trabajo de historia.»
«No sabía cómo hacerlo.»

Las excusas se convierten enseguida en un hábito. Los niños necesitan el buen ejemplo de sus padres para aprender a ser responsables de sus propios actos. Y tienes que insistir para que los chicos admitan el papel que ellos mismos han desempeñado al meterse en líos.

Siempre habrá excepciones, como cuando el perro realmente se come los deberes, pero son muy raras. Los niños tienen que ser responsables de sus actos, sus elecciones y, en última instancia, de sus vidas. ¿Cómo puedes enseñarles a ser responsable?

Predica con el ejemplo. No culpes a tus padres de tus problemas, a la economía por tus deudas, a los malos profesores por el poco rendimiento escolar de tus hijos, a tu pareja por tu infelicidad o a un jefe desaprensivo por tu mala situación laboral.

Cuando aceptamos nuestras responsabilidades, podemos cambiar las cosas para mejorarlas. Cuando culpamos a otros de nuestros fracasos, nos convertimos en víctimas. Enseña a tu hijo que es mucho mejor merecer el respeto de los demás que tener su compasión y que nunca nos ganaremos el respeto llorando y diciendo que la culpa es de otro.

Haz ver a tus hijos que los errores son inevitables y que lo que debemos hacer es aceptarlos, aprender de ellos y seguir adelante. Que te oigan decir que te has equivocado y que no volverá a ocurrir, y lo que es más importante, que sepan que piensas en una solución para hacer las cosas distintas en el futuro. Cuando los chicos cometan errores, ya no les parecerá tan horrible confesarlo, estarán más dispuestos a reconocer que se han equivocado y se disculparán y corregirán la situación.

Al hijo de una amiga, que tiene doce años, lo descubrieron copiando en un examen.

Primero intentó echarle la culpa al profesor diciendo que las preguntas eran muy difíciles. Luego admitió haber copiado, pero sólo en una pregunta, con lo que la situación quedaba un poco arreglada.

Pero su madre no lo creyó y le hizo escribir una carta al profesor diciendo que sabía que había cometido un error y que lamentaba haber copiado. La carta restableció una relación de confianza entre el alumno y el profesor. En vez de empeorar la situación con negativas y acusaciones, el incidente fue reconocido y enseguida olvidado.

No mientas por tus hijos. Muchos padres quieren proteger a sus hijos de las consecuencias desagradables. Los hijos de Vera le pedían que escribiera notas a los profesores para que los excusaran por no haber terminado los deberes a tiempo. Le pedían que recorriera diez kilómetros en coche hasta la escuela para llevar unos deberes que habían olvidado en la cocina. Al principio lo sentía por ellos y los ayudaba, pero entonces los chicos vieron que contaban con su apoyo y se volvieron más perezosos y descuidados, con lo que la situación empeoró.

Finalmente, advirtió que iba a tener que decirles que afrontaran las consecuencia de sus actos. Cuando dejó de salir al rescate y llevarles el almuerzo o los deberes al colegio, los chicos se volvieron más organizados y responsables.

Los niños no sólo deben aprender a responsabilizarse de sus cosas, sino también de sus relaciones personales y de sus sentimientos. Tienen responsabilidad ante sus amigos, familiares, profesores, conocidos y ante la comunidad. Deben aprender a reconocer que está en sus manos fortalecer esas relaciones o estropearlas.

# 45

## *Mide tus reacciones*

CUANDO MI AMIGA LIZ era una adolescente rebelde, su madre se enfadaba muchísimo si se dejaba la cama sin hacer o volvía a casa dos horas más tarde de la hora señalada. La reacción de su madre ante todas sus infracciones, fuesen grandes o pequeñas, era siempre la misma: gritaba, la reprendía y la mandaba a su cuarto.

Los amigos de Liz contemplaban asombrados cómo ella, sabiendo que su madre iba a enfadarse, hacía muchas cosas que no debía porque la reacción de ésta siempre era el mismo tipo de enfado.

Liz no aprendió la diferencia entre las transgresiones pequeñas y las grandes hasta pasado mucho tiempo, y le costó muchos años comprender que en el mundo real ella sería siempre la responsable de sus errores. Por suerte para sus hijos, Liz decidió discriminar desde un principio las batallas que tenía que librar con ellos.

La mayor parte de los problemas disciplinarios pueden resolverse aplicando las consecuencias lógicas. Recuerda ser imparcial y no tener reacciones exageradas durante la pelea. Si notas que vas a perder los estribos y a decir cosas que más tarde lamentarás, cuenta hasta diez mientras recuperas el control y luego afronta el problema. O di a tus hijos que necesitas tiempo para reflexionar sobre el asunto.

Como ya hemos visto, los problemas más fáciles tienen consecuencias lógicas: recoger una cocina desordenada, guardar el equipo de tenis en su sitio, etcétera. Para problemas más complicados, como las malas notas o la rivalidad entre hermanos, pueden tomarse otras actitudes (apartado 57).

Y luego están los problemas realmente serios como las mentiras, los hurtos, el consumo de drogas y alcohol, y la mala conducta sexual. Éstas son las verdaderas batallas. Tus hijos deben comprender que esos asuntos son de vital importancia para ti y por qué. Habla de los peligros de estas conductas y hazles saber que estás del todo dispuesta a afrontarlas con la máxima seriedad. Que tengan muy claro cuál será tu reacción ante esos problemas.

Toma conciencia de cuáles son las esferas más importantes para ti, y elige tus batallas en consecuencia. No malgastes tus mejores armas en pequeños fallos de conducta. No pierdas los estribos cuando tu hijo rompa un plato o coma dulces antes de la cena. Si descubres a un niño cogiendo una galleta a escondidas no es lo mismo que si lo encuentras cogiéndote dinero de la cartera. Experimentar con distintos tintes de cabello no es lo mismo que experimentar con drogas.

Mantén la perspectiva y basa tu reacción en el grado de desobediencia del niño. Procura que tu reacción sea proporcional al daño hecho, y de ese modo tus hijos comprenderán que hay unas cosas más serias que otras. Esto será especialmente importante cuando lleguen a la adolescencia.

## 46

### *Elogia y corrige en términos específicos*

*«¡Annie, qué dibujo tan bonito has hecho! ¿Qué es?»*

¿QUÉ HAY DE MALO en esta reacción ante el dibujo de un niño? Muestras un sincero interés y tus palabras parecen llenas de elogio, pero este tipo de frase suele desencadenar unos efectos contrarios a los esperados.

Las palabras obvias del niño serán: «Si es un dibujo tan bonito, ¿cómo es que no sabes lo que es?». Los pequeños notan enseguida una contradicción y se cuestionan la sinceridad de esos comentarios.

Es mucho mejor decir: «Annie, ¿por qué no me cuentas qué es ese dibujo tan bonito?». De esa forma, la niña podrá contar qué es el dibujo sin sentirse incomprendida o indignada.

Para los niños, los elogios generales como «es un dibujo muy bonito» no tienen tanto significado como las alabanzas concretas a algún aspecto de su obra de arte. «Me gustan esos colores tan vivos que has utilizado» es más efectivo que «es un dibujo muy bonito». Y «Me siento muy orgullosa de ti porque tus notas de ciencias han subido», mejor que limitarse a decir «Sí, son unas buenas notas».

Los elogios concretos demuestran que estás realmente interesada y prestas atención al desarrollo de tus hijos. Evita los comentarios despectivos. Decir «Qué bonito, cariño» sin mirar siquiera lo que el niño te está mostrando socavará su autoestima. Los elogios concretos le darán confianza y le harán saber que te interesas y te preocupas por él.

Las correcciones siguen las mismas pautas y siempre deben plantearse como sugerencias. Tienes que ser más sensible a la hora de criticar a los niños que a la hora de alabarlos, ya que las críticas desconsideradas pueden hacer daño a largo plazo, mientras que los elogios, aunque sean descuidados, siguen siendo elogios.

Por eso, las correcciones tienen que hacerse con suavidad, sin espetarlas de forma insensible. Tampoco deben utilizarse nunca para humillar al chico. Di primero a tu hijo lo que ha hecho bien y luego, si viene al caso, sugiérele cómo podría mejorar. A veces es mejor limitarse a los elogios y no hablar de las posibles mejoras.

Cuando tus hijos hagan algo por primera vez y no les salga bien del todo, anímalos todo lo que puedas. No digas «Has puesto el tenedor en el lugar del cuchillo». Di, en cambio, «Gracias por haber ayudado tanto. La próxima vez ¿podrías poner el tenedor a la izquierda del plato?».

Si el niño ha hecho un dibujo de su padre sin manos o sin nariz, pregúntale cómo podrá tomar café u oler las rosas en vez de recriminarle que no tiene manos o nariz. Para nosotros son detalles sin importancia, pero significan mucho para el niño.

Cuando tu hijo de cinco años pegue a su hermanita en la cabeza con el bate de béisbol, no le digas que es un «chico malo». Di en cambio «Sé que eres buen chico, pero hacer daño a tu hermana no es una conducta aceptable en esta casa. Retírate a tu cuarto hasta que puedas jugar bien con ella».

Corrige la conducta, no al niño. Lo que se pretende es evitar que se repita esa acción y que los niños aprendan a jugar juntos, no hacer creer a los chicos que son malos. Llamar «malo» a un niño no deja espacio a la redención y alienta muy poco la mejora de conducta. Un niño piensa: «Si me llaman malo es porque debo de ser malo. Los chicos malos hacen cosas malas, y ¿de qué sirve que haga cosas buenas si están convencidos de que soy malo?».

Los niños vivirán de acuerdo con las «etiquetas» que les pongas, buenas o malas. «Es la artista de la familia» desanima a los otros hermanos a dibujar o a pintar y a la «artista» a dedicarse a otras actividades como el deporte o la música.

Lo mismo puede decirse de las etiquetas de tímido, sociable, deportista, divertido, listo, etcétera. Los niños cambian y esas etiquetas lo único que hacen es frenar esos cambios.

Recuerda que las críticas no sugieren amor; el amor sugiere amor. Mantén explícitas y sinceras tanto las alabanzas como las correcciones. Alienta las habilidades concretas de tus hijos y trátalos como individuos capaces de grandes logros en distintas esferas de la vida. De ese modo, los chicos podrán crecer sin el peso de las etiquetas y sin sentirse limitados por la noción que otros tengan de ellos.

# 47

## *Trata a tus hijos con respeto*

LA MANERA DE TRATAR A LOS HIJOS repercute en la manera en que ellos nos tratarán a nosotros, a sus propios hijos y a las demás personas a lo largo de toda su vida. Los niños repiten las palabras que escuchan e imitan la conducta que ven. Seguramente te sorprendió mucho la primera vez que oíste tus palabras en boca de tu hijo, o las de tu madre en la tuya propia.

¿Cómo tratar con respeto a los chicos y mantener al mismo tiempo la autoridad?

1. Habla con calma, sin gritar. Los gritos son degradantes y sólo contribuyen a que el conflicto se haga mayor y a desviarse del tema de discusión original.
2. Sé firme pero no te dejes llevar por la mezquindad.
3. Tranquiliza a los pequeños cuando estén asustados en vez de tomarte sus miedos de una forma despectiva.
4. Sé tan amable con tus hijos como quieres que ellos lo sean contigo.
5. Ante una mala acción del pequeño, no recurras a las críticas y trata la cuestión de la manera más sensata posible.
6. Asume que tienes tanto que aprender de tus chicos como ellos de ti.
7. Corrige la conducta de tu hijo en privado. Hacerlo en público es humillante.
8. Respeta los deseos y las elecciones de tus hijos a menos que sean inadecuados, peligrosos o perjudiciales.
9. Confía en que tus hijos harán las cosas bien.
10. No cuentes a terceras personas cosas de las que los chicos puedan avergonzarse, sobre todo si están delante y sin el permiso de éstos.

11. Cuando estés con otros adultos (tus amigos, los padres de los amigos de tus hijos, en la tienda), reconoce la presencia de tu hijo y escucha o comenta todas las contribuciones que éste quiera hacer a la conversación. Hazle saber con tu reacción que valoras sus opiniones y que aprecias su disposición a participar.

Los niños son personas y que su tamaño sea menor no significa que sus emociones sean más pequeñas que las nuestras. Si tus hijos saben que sus padres los respetan, el respeto mutuo surgirá de manera natural.

## 48

### *Aprende a hacer un trato*

QUEREMOS QUE NUESTROS HIJOS se porten bien porque eso es lo que se debe hacer. La realidad, sin embargo, es que la mayoría de los niños pequeños son muy egoístas y hacen las cosas sólo por su propio bien. Hasta que cumplen cinco o seis años, básicamente sólo quieren lo que quieren porque lo quieren, y lo quieren al mismo instante.

Luego, las cosas empiezan a mejorar y comienzas a notar señales de conciencia, compasión y autocontrol en los pequeños. De los seis o siete años a los once o doce, los niños suelen ser dulces y obedientes. Un suave recordatorio de que es hora de acostarse los hará marchar a sus habitaciones, y si se les pide ayuda, la prestan rápidamente.

Y entonces llegan a la adolescencia.

Una vez más, como cuando eran mucho más pequeños, todo el mundo debe girar en torno a sus deseos. Por más que quieras pensar que a esa edad tus chicos se portarán bien y no serán egoístas, éste es el momento en que pondrán a prueba sus límites y los tuyos. Sus deseos serán la fuerza impulsora de su conducta. Ha vuelto el niño egoísta, pero mucho más grande y listo.

Por más que quieras que tus hijos escuchen, respeten las normas y hagan sus tareas domésticas y escolares, habrá ocasiones en las que obrarán con dilación. Discutirán hasta las últimas consecuencias para librarse de sus obligaciones. Hay niños peores que otros, y en algunas edades son más combativos que en otras. En esas ocasiones será cuando tendrás que hacer valer las normas y llegar a algún tipo de acuerdo.

«Claro que podrás ver la película. Cuando termines los deberes escolares.»

«Pasa el cortacésped y te acercaré en coche a la ciudad.»

«Ten mejores notas y entonces ya hablaremos de coche.»

Los tratos deben ser sencillos y directos para que incluso los más pequeños los comprendan. Hacer tratos da muchos mejores resultados y es menos agotador que las discusiones, los gritos y las amenazas.

No confundas hacer un trato con un soborno. El soborno es: «Si... entonces...», una proposición de «todo o nada» que por lo general conlleva una recompensa unida a la conducta deseada: «Si dejas de molestarme, te daré caramelos». Este soborno tiene un efecto contraproducente, ya que el niño advertirá que la próxima vez conseguirá caramelos de la misma manera, molestando primero. Nunca recompenses una mala conducta con un premio.

El trato es un pacto lógico. El niño obtiene lo que quiere después de hacerse cargo de sus responsabilidades. «Ayúdame a hacer la compra en el supermercado y luego eliges algo para ti.» Esto no significa que el niño tenga que ser recompensado cada vez que ayuda, pero le enseña a ver que las obligaciones son lo primero y que sus deseos serán respetados si colabora y pone de su parte.

# 49

## *Enséñales buenos modales*

LOS BUENOS MODALES son la espina dorsal de una sociedad civilizada, ya que hacen más agradables nuestros encuentros con los demás y más soportables nuestros esfuerzos diarios. Crean una fuerte primera impresión, abren el camino a los buenos empleos y las relaciones fluidas con la familia y los amigos, y facilitan la vida en el mundo exterior.

Empieza a enseñarles modales tan pronto como sepan decir «por favor». Asegúrate de que han aprendido los básicos antes de que lleguen a la adolescencia y se conviertan en chicos taciturnos, groseros y egoístas. Eso haría prácticamente insoportable una edad que ya es difícil por sí misma.

Predica con el ejemplo en cuanto a buenos modales se refiere y no hagas distinciones acerca de cómo debe tratarse a los miembros de la familia y cómo debe tratarse al resto del mundo. Las conductas hostiles y groseras son inaceptables en todas partes y en cualquier circunstancia.

A veces los niños olvidan los modales, igual que nos ocurre a nosotros cuando estamos frustrados, cansados o airados. Si empiezas con las expectativas muy altas y tus hijos son básicamente bien educados, estos lapsus podrán considerarse una conducta tolerable; pero los niños que han estado sujetos a expectativas más bajas se volverán insoportables.

He aquí algunos modales básicos que es preciso tener presentes:

*General*
1. Decir «por favor» y «gracias» tiene que ser tan automático como respirar. Cuando pidan algo, insiste en que utilicen el tono de voz adecuado. No les permitas gimotear.
2. Cuando los niños chocan con alguien deben decir «lo siento» o «disculpe».

3. Enseña a tus hijos a pedir disculpas cuando hagan algo mal. «¿Qué tienes que decirle a Matthew?» da una mayor libertad para una expresión sincera que el trillado «Di a Matthew que lo sientes».
4. Los niños tienen que abrir las puertas a los mayores y cederles los asientos.
5. Cuando tus hijos reciban un regalo, enséñales a escribir una nota de agradecimiento. Una lectora me contó que la norma de su casa era que, si un regalo no iba seguido de la correspondiente tarjeta de agradecimiento, se devolvía. Y señalaba que, como sus hijos sabían que siempre se mantenía fiel a sus normas, se habían acostumbrado a mandar esas notas para dar las gracias, de modo que nunca había tenido que devolver nada.
6. Esto va contra las normas tradicionales de etiqueta, pero hoy día una llamada telefónica es también una manera sencilla y apropiada de expresar las gracias por los regalos recibidos por correo y brinda a los niños la oportunidad de hablar con amigos y familiares que viven alejados.

   Y otra lectora me contó que sus hijos mandan e-mails de agradecimiento a los amigos que tienen ordenador y correo electrónico.

*Presentaciones*
1. Enseña a tus hijos a hacer las presentaciones correctas: un ciudadano es presentado a la reina, un estudiante al profesor, un amigo a un abuelo, etcétera. Por ejemplo: «Mamá, te presento a mi amiga Laura».
2. Los niños deben ponerse de pie al conocer a un adulto o cuando éste les es presentado.
3. Enseña a tus hijos a presentarse solos. Pueden practicar con los amigos de los padres. ¿Nunca ha llamado a tu puerta una joven a la que no conoces de nada? «Hola, tú eres la mamá de Hannah, ¿verdad? Yo soy María» es una buena fórmula con la que romper el hielo.
4. Estrechar la mano es la acción apropiada a una presentación. Los besos se reservan normalmente a los familiares y amigos íntimos, y no pasa nada si tus hijos no quieren que

los besen. Eso es prerrogativa suya. Procura que eviten el beso con cortesía en vez de hacer una mueca de repugnancia.

5. «Encantado de conocerle» son palabras que impresionan en labios de un pequeño, y si alguna vez las oyes, considéralo un milagro. De todas formas, enséñales a decirlo.

6. Durante una presentación hay que mirarse a los ojos.

*Las visitas*

1. Los niños pueden declinar una invitación limitándose a decir «no, gracias».

2. Cuando acepten una invitación, deben asistir, a no ser que estén enfermos o haya una emergencia familiar.

3. Al final de la visita, tu hijo deberá dar las gracias a los padres de sus amigos.

*La conversación*

1. No permitas interrupciones cuando alguien esté hablando.

2. Apaga el televisor durante una conversación.

3. «¿Qué?» o «¿Eh?» son formas inaceptables frente a las más corteses como «¿Perdona?» o la más sencilla «¿Qué has dicho?».

4. No permitas las maldiciones.

5. No permitas que tus hijos digan «cállate» a nadie.

Inculcar buenos modales a los chicos rara vez es fácil, aunque los actos de cortesía más frecuentes pueden enseñarse predicando con el ejemplo. Será inevitable que cada día tengas que recordarles los buenos modales. Éstos no se aprenden y asimilan de inmediato, así que ármate de paciencia y de calma. Recuerda, sin embargo, que es más fácil establecer buenos modales que erradicar los malos. Si tienen buenos modales, la compañía de tus hijos te será mucho más agradable.

# 50

## *Nunca olvides que tú eres el adulto*

TEN PRESENTE que una de las grandes ventajas con las que contarás al tratar de temas disciplinarios es que tú eres el adulto. Aunque tener hijos conlleva muchas obligaciones, también da algunos derechos... y poderes. El poder de ser el adulto, si lo ejerces de manera adecuada y con cariño, se convertirá en un gran aliado.

Tú eres más grande, tienes más años, eres más sabia, más experta, tienes mejor juicio y eres mucho más capaz de ver la imagen completa que tus hijos. Llevas la casa, fijas las normas, las reglas de conducta y estás en condiciones de poder corregir la conducta inadecuada. Cuanto antes enseñes a tus hijos a honrar tu papel de madre, más fácil te será cumplir con la tarea de criarlos.

Esto no quiere decir que siempre tendrás la razón, o que no habrá veces en que los chicos tengan una mejor respuesta que la tuya; pero en el análisis final, tú eres el adulto. Habrá muchas ocasiones en las que esa razón bastará para tomar una decisión sobre cómo tratar un asunto y para invalidar las objeciones que te hagan.

Y a veces hacerlo es absolutamente esencial. ¿Cuántas veces hemos visto a padres ceder ante los hijos o perder los nervios porque ya no saben qué hacer? Por lo general, cuando eso ocurre, es que el padre o la madre han olvidado momentánea o permanentemente que lo son; en otras palabras, que es él o ella quien debe lograr que el niño acate sus decisiones, al menos hasta que pueda tomar otra mejor. Y casi todas las cuestiones que hemos abordado en este capítulo —como la imposición de consecuencias o de retiros, y aprender el arte de hacer tratos— te ayudarán a conseguirlo.

Como es natural, esto no es un permiso para caer en la tiranía y educar a los hijos mediante la manipulación y el castigo. Tampoco significa que tengas que dictar todas y cada una de las acciones de los hijos. Eso no sólo es perjudicial para ellos, sino que los padres que lo hacen quitan la voz y la iniciativa a los chicos, los incapacitan para expresarse, explorar el mundo y aprender a ser jóvenes autónomos e independientes.

Luego hay padres que quieren que sus hijos sean sus mejores amigos. Les da miedo imponer la disciplina y hacer cumplir las normas porque no quieren ofender a sus hijos o hacer nada que les moleste. Están tan obcecados con la idea de tener a sus hijos de su lado que se olvidan de ser padres. Y los niños sufren las consecuencias de ello. Escucha a tu hijo sin renunciar a tu papel de adulto que toma las decisiones.

Los niños necesitan más que sus padres les den amor, bases, normas, consejos y disciplina que amistad. Los niños que viven sin una estructura pueden desarrollar problemas de conducta. Creen que el mundo tiene que girar en torno suyo y de sus necesidades, y crecen de espaldas a las de los demás.

Las rabietas frecuentes, los gimoteos, la falta de respeto por las normas, la conducta inadecuada o agresiva, las exigencias constantes y la incapacidad de compartir son algunas de las señales que indican que el niño necesita más estructura, que necesita más que tú seas la madre. Algunos pequeños llegan a la triste conclusión de que sus padres no los quieren si no se preocupan lo suficiente acerca de cómo criarlos.

Si estableces tu autoridad como progenitor y mantienes esa autoridad con cariño durante los primeros años de la vida del pequeño, habrás criado a unos hijos que te respetarán por lo que eres así como por el hecho de ser su madre, y la amistad entre vosotros podrá empezar a desarrollarse de manera natural.

# 51

## *Es de sabios cambiar de opinión*

QUE SEAS EL ADULTO no significa que no te equivoques de vez en cuando. Por ello, es importante saber distinguir la fina línea que separa el poder de los progenitores de la humildad de ser falible. A menudo, los padres cometen el error de cerrarse en banda y de negarse obstinadamente a dejarse convencer por un argumento razonable. No les gusta admitir delante de sus chicos que quizá se han equivocado.

Los niños tienen que ver que cometer errores alguna vez es algo natural (apartado 44). Lo último que desearías es tener un hijo que no supiera reconocer que se ha equivocado. Si quieres enseñarle a ser imparcial y responsable de sus actos, lo primero que debes hacer es comportarte tú de ese modo. ¿Qué mejor que aprender de un padre o una madre?

Algunos padres creen que su autoridad se verá socavada y que dejarse persuadir o admitir que se han equivocado es señal de debilidad. Otros tienen una idea confusa acerca de cómo debe comportarse un padre o cometen errores de juicio. Sea cual sea la causa, adoptar esta postura repercute negativamente en los hijos y la vida familiar se complica cada vez más.

¿De qué sirve mantenerse firme ante un argumento? Si tus hijos aportan puntos de vista más razonables que los tuyos y son capaces de razonar contigo, aprenderán que el pensamiento y la lógica prevalecen ante la adversidad. Eso les enseñará a calibrar sus opciones y a pensar de manera responsable.

Muéstrate orgullosa de tus hijos cuando te presenten argumentos razonables. Un buen argumento es señal de un poderoso intelecto; por otra parte, la disposición de los padres a escuchar y ser flexibles no es debilidad. No habrán claudicado ni sentado un precedente peligroso. Seguirán siendo los padres, pero serán, además, maravillosamente humanos.

# 8

# El conflicto

# 52

## *Limita las opciones*

UNA DE LAS RAZONES por las que los padres quieren simplificar sus vidas es para tener más tiempo que dedicar a sus hijos. Pero con mucha frecuencia lo que hubiera podido ser un rato tranquilo y placentero juntos termina en conflicto. He aquí unas cuantas maneras de evitarlo.

Una de ellas consiste en limitar las opciones. A menudo, los padres cometen el error de presentar demasiadas opciones a sus hijos: «¿Qué quieres desayunar?» o »¿Qué te gustaría que hiciéramos hoy?». Demasiadas opciones suelen provocar problemas, porque los niños pequeños todavía no saben sopesar sus opciones y tomar una decisión sabia por sí mismos.

Si los niños no comprenden del todo qué opciones hay, se confunden. Algunos chicos quieren hacerlo todo y son reacios a eliminar una opción de la lista de posibilidades. Otros se enfadan cuando no puedes complacerlos. «¡Pero si tú me preguntaste qué quería hacer hoy! ¡Quiero ir a Disneylandia!» Si les has dado una opción abierta, tendrás que hacer un trato con el pequeño.

Los conflictos se dan cuando los niños eligen opciones que no son adecuadas. ¿Qué piensas cuando tu hijo te pide helado para desayunar, quiere ir en pijama a una fiesta de cumpleaños o decide que es un día excelente para ir a la playa?

Siempre puedes responder: «Ir en pijama no es una de tus opciones».

Una manera de simplificar la cuestión consiste en dar al niño dos posibilidades razonables que sean fáciles para ti y apetecibles para él:

«¿Qué quieres desayunar, cereales o macedonia de frutas y tostadas?»

«¿Quieres ir a la playa o prefieres ayudarme en el jardín?»

«¿Quieres ver *La guerra de las galaxias* o *101 dálmatas*?»

«¿Qué quieres ponerte, los vaqueros o el chándal?»

«¿A quién quieres que llame para que venga a jugar, a David o a John?»

Las opciones pueden también utilizarse en conflictos de disciplina:

«¿Quieres salir y volver a casa a la hora indicada o prefieres no salir en absoluto?

«¿Quieres limpiar lo que has ensuciado o prefieres quedarte en tu cuarto?»

«¿Quieres ver *Barrio Sésamo* o apago el televisor?»

«¿Vais a hacer turnos para jugar con el ordenador o ninguno de los dos jugará con él?»

«¿Te pondrás ropa limpia antes de salir o prefieres quedarte en casa?»

Empieza por limitar las opciones cuando los chicos son aún pequeños para que no se acostumbren a salirse siempre con la suya. Y como tendrás que comprometerte a cumplir las opciones que ofreces, deberás asegurarte de que siempre son realistas y viables.

# 53

## *No te hagas sabotaje*

EXISTEN MUCHAS MANERAS de hacernos sabotaje como padres y complicar más de lo necesario nuestra tarea de criar a los hijos. He aquí algunas actitudes que es conveniente evitar:

1. *No hagas promesas que no puedas cumplir*
¿Cuántas veces has hecho planes con tus hijos para tener que cancelarlos después por falta de tiempo o por haber cambiado de opinión? De ese modo, los niños te echarán en cara que no cumples tus promesas. Confía planes a tus hijos sólo cuando estés absolutamente segura de que podrán hacerlos realidad. Ten presente que, para un niño, todo lo que digas que se hará en el futuro es una promesa; ésta no necesariamente ha de empezar con la frase: «Te prometo que...».

2. *No preguntes cuando no hay alternativas*
A Tim le costó mucho tiempo aprender a plantear sus peticiones. En vez de decirle a Andrew que era la hora de tomar el baño, le preguntaba si quería tomarlo. Le preguntaba a Sasha si cuidaría de su hermanito mientras salía a un recado. Intentaba ser amable, pero sus hijos acabaron pensando que tenían la alternativa de decir que no. Decían «no», y el conflicto se desataba al instante.

Finalmente aprendió que es mejor decirle a sus hijos lo que quiere de ellos. Frases como: «Saca la basura, por favor» y «Es hora de acostarse» no dejan espacio a la discusión. Es posible que los chicos sigan ofreciendo alguna resistencia, pero no tan fuerte como cuando les hacía creer que era una alternativa.

### 3. *No provoques una discusión*

Habla las cosas con los chicos, razona con ellos, hazlos dialogar, pero no discutas con ellos. Es una pérdida de tiempo y de energía. Expón tus puntos de vista, escucha los suyos, reconsidera tu posición si es necesario, toma una decisión y ahí se acaba la historia.

Si intentan discutir, márchate. Es difícil acertar un objetivo que se mueve. Si te siguen, repite tu decisión y sigue alejándote. Dar vueltas a una discusión lo único que hace es provocarla. Lo mejor es desaparecer físicamente. (Ve al baño y, si es necesario, cierra la puerta.) Cuando demuestres que mantienes firme la decisión tomada, tus hijos advertirán que las hostigaciones verbales no sirven de nada.

Y en vez de regañarlos, da mensajes cortos con las palabras clave: «Los platos» o «A la cama». De ese modo evitarás que la discusión se prolongue.

### 4. *No guardes rencor*

Cuando tu hijo hace algo malo o perjudicial, a menudo resulta difícil superarlo e impedir que afecte a las decisiones o sentimientos futuros, pero tienes que hacerlo. Los niños son criaturas espontáneas y caprichosas. Si no consiguen lo que quieren te dirán que eres horrible, para echársete a los brazos al instante siguiente y decirte que eres la mejor madre del mundo. Tienes que olvidar lo pasado tan deprisa como ellos. Si sigues trayendo a colación errores pasados y sentimientos heridos, surgirán más conflictos y decepciones. Trata con cada cuestión que se presente y luego déjala atrás para siempre.

### 5. *No cedas ante las presiones*

Los niños presionarán y presionarán siempre que crean que hay alguna posibilidad de que cambies de opinión. Cuando ellos hayan presentado puntos de vista y tú hayas tomado la decisión que te parezca más acertada, aférrate a ella. Si cedes, los niños sabrán que pueden manipularte y lo harán.

Algunos niños tienen rabietas, otros gritarán y se portarán mal, otros dejarán de hablarte. Si eres coherente y resistes a las presiones, dejas clara tu decisión y recuerdas que eres el adulto, estas conductas disminuirán.

### 6. *No grites*

Ya lo he dicho antes pero no está de más repetirlo. Los gritos y otras formas de improperios no resuelven nada; sólo empeoran las cosas. Son degradantes para el niño, desvían la atención del problema que hay que resolver y enseñan que la razón se impone por la fuerza. Un niño obstinado se volverá beligerante, uno tímido se retirará ante la ira. Recuerda que lo que buscas es un acuerdo razonable y no una escalada del conflicto. Los gritos cierran la posibilidad de diálogo precisamente cuando tú intentas comunicarte.

### 7. *Termina siempre con una nota positiva*

No permitas que el niño salga de casa o se acueste enfadado y perturbado. Después de una discusión o un altercado, haz todo lo posible por entablar conversación con él, de una manera firme pero cariñosa. Hazle saber que, pese a esas diferencias temporales de opinión, todavía le quieres y le apoyas.

# 54

## *Busca a una tercera persona que aplaque la discusión*

UNA BUENA MANERA de evitar los conflictos es desviar hacia una tercera persona parte de la culpa de una decisión impopular. Es preferible que esa persona sea una autoridad con la que el pequeño no pueda discutir, y que inadvertidamente soportará el peso de la frustración de tu hijo. Entre estas autoridades se cuentan:

*El médico.* Cuando el niño tiene que tomar la medicina, cambiarse un vendaje, comer de una manera más sana o ir a la escuela aunque esté un poco indispuesto, échale la culpa al médico: «Lo siento, cariño, pero el doctor ha dicho que, si no tienes fiebre, vayas al colegio». Sin embargo, no conviertas en temible la figura del médico o la enfermera porque, de otro modo, tu hijo se resistirá a ir a la próxima consulta.

*El maestro.* Pronuncia el nombre del maestro cuando quieras que tu hijo haga los deberes, prepare un examen o termine a tiempo un proyecto: «He hablado con la señorita Farragher y ha dicho que mañana debes tener terminado el comentario de texto, así que, manos a la obra».

*El dentista.* Los dentistas sirven para todo lo relacionado con la higiene dental o la dieta: «No, no puedes comer dulces. Recuerda lo que dijo el dentista sobre los dulces».

*Objetos inanimados.* Un reloj es el árbitro ideal para marcar turnos, la hora de acostarse y la hora de la siesta: «Mira, el reloj dice que son las ocho y media. Ya sé que te gustaría seguir jugando, pero es hora de acostarse» o «Cuando suene el reloj le tocará el turno a Kristen».

Y la lista de tareas resuelve muchas disputas emocionales acerca de quién es responsable de cada cosa: «Ahí dice que hoy le toca a Dan fregar los platos».

Una importante excepción a esta regla: nunca culpes a tu pareja. Eso añadiría conflictos matrimoniales a los ya existentes con los hijos. Y no eches la culpa de nada a un ex cónyuge ya que sólo conseguirías empeorar la situación y serían los niños los que sufrirían.

# 55

## *Di que sí*

UNA MANERA DE EVITAR el conflicto es intentar decir siempre que sí a las peticiones de nuestros hijos. Parece imposible, pero el truco está en que se trata de un «sí» condicional. Mi madre utilizó este método durante años y yo siempre me sentí escuchada y valorada aunque no siempre consiguiera lo que quería.

He aquí unos ejemplos de cómo puedes responder a algunas de las peticiones más comunes, las que suscitan polémica cuando son rehusadas con un simple y llano «no».

*Niño:* ¿Puedo comer una galleta?
*Madre:* Sí, claro, cuando termines de cenar.

*Niño:* ¿Puedo quedarme a dormir en casa de María?
*Madre:* Es una buena idea. Durante el fin de semana, claro.

*Niño:* ¿Iremos a Disneylandia?
*Madre:* A mí también me gustaría. Iremos en cuanto tengamos tiempo y dinero ahorrado.

*Niño:* ¿Puedo tener una bicicleta nueva?
*Madre:* Claro que sí. Empieza a ahorrar dinero y yo te acompañaré a comprártela.

*Niño:* ¿Puedo quedarme levantado hasta medianoche?
*Madre:* Cuando tengas quince años pensaré en ello; pero de momento tu hora de acostarte son las diez.

*Niño:* ¿Puedes subirme la paga?
*Madre:* Te subiremos la paga por tu cumpleaños.

La idea es volver la ventaja de la situación en favor del adulto. Hay varias razones que demuestran que esta táctica funciona mejor que una simple negativa.

En primer lugar, como quieres que tus hijos tengan una actitud positiva, de esa manera no quiebras sus esperanzas. Decir sí lleva al diálogo y no a la discusión. Habla con ellos acerca de cómo pueden obtener lo que quieren y cuándo pueden esperar conseguirlo. Enséñales a preparar un viaje, a recorrer tiendas para encontrar una bicicleta económica. Háblales de lo que harán durante sus veladas cuando tengan quince años y se acuesten a medianoche.

Segundo, cuando dices que sí, a los pequeños les cuesta más discutir. Ten en cuenta que su reacción más probable será una mezcla de frustración y mudo asombro. Con el paso del tiempo, tus chicos descubrirán la treta pero, hasta que sepan replicar a un «sí» condicional, por lo general lo aceptarán. Yo lo acepté durante años.

Habrá ocasiones en las que tendrás que decir que no, y eso es normal. Los niños deben aprender a aceptar un «no» como respuesta. Cuando digas que no, asegúrate de que ésa es la respuesta adecuada y no te vuelvas atrás.

## 56

### *Acaba con las rabietas*

ALGUNOS NIÑOS PASAN toda la infancia sin tener una rabieta. Los hijos varones de Vera no tuvieron berrinches y expresaban el enfado de otras maneras. Peter lloraba un rato y luego se concentraba en la siguiente actividad interesante sin recordar lo ocurrido. Andrew gruñía entre dientes, pasaba un rato malhumorado y luego se olvidaba y reanudaba la vida normal.

Sasha, en cambio, fue la campeona en el apartado rabietas. Desde que tenía un año hasta cumplir los seis, cogía un berrinche cada vez que estaba frustrada. Había sido un bebé tan tranquilo y complaciente que ese cambio pilló a sus padres por sorpresa.

Cada vez que tenía un berrinche, pegaba, mordía, gritaba y pateaba. A sus padres les llevó un tiempo descubrir por qué, cuándo y dónde reaccionaba con una rabieta pero, tan pronto como comprendieron qué las provocaba, procuraron evitar esas situaciones.

Enseguida vieron que Sasha se cansaba con facilidad. Cuando estaba cansada, se ponía irritable y las rabietas se hacían más probables.

Sasha se acostaba sin problemas a las ocho y media; pero, si se retrasaban y no la acostaban hasta las nueve, la niña estaba demasiado cansada. Si intentaban separarla de la actividad en que estaba concentrada, tenía una rabieta; si le avisaban de una manera razonable y la calmaban, se prestaba más fácilmente a colaborar. Otra posibilidad era distraerla con otro juego o un cuento divertido.

Los niños estallan en rabietas cuando tienen hambre, están aburridos o se los separa bruscamente de la actividad en la que están absortos. Si tu hijo tiene tendencia a los berrinches, averigua la causa de éstos. Tal vez te cueste tiempo y esfuerzo descubrirlo pero, puesto que las rabietas son agotadoras para todo el mundo, merece la pena intentarlo.

¿Cómo reaccionar ante una rabieta?

1. No te rindas. Si lo haces, el niño aprenderá que con las rabietas podrá conseguir lo que quiera.
2. Asegúrate de que el niño no corre peligro y luego aléjate. Las rabietas necesitan público.

3. Si te encuentras en público, llévate al niño a otra parte.

4. Explica a tu hijo las consecuencias de un berrinche: un retiro, el final prematuro de la visita de un amigo o quedarse en casa en vez de salir a comprar. Procura que la consecuencia sea adecuada a la rabieta.

5. Si su hijo tiene un berrinche, espera a que se tranquilice y luego, suponiendo que ya sea lo bastante mayor para hablar, coméntale lo que ha ocurrido. Averigua por qué estaba molesto y explícale por qué reaccionaste como lo hiciste. De ese modo te será más fácil comprender qué provocó la rabieta y podrás evitarlas en el futuro. Al mismo tiempo, el niño aprenderá que los berrinches no sirven de nada.

6. Ayuda a tus hijos a comprender y aclarar sus sentimientos. Enséñales la palabra que indica lo que están sintiendo. Kalin, la hija de una amiga mía que tiene dos años, coge rabietas cuando quiere hacer algo que está más allá de su capacidad. Su madre le ha enseñado a decir «frustrada». Ahora, en vez de tener una rabieta, dice: «Mamá, estoy "fusturada"».

7. Enseña a tus hijos una manera adecuada de desahogar la ira, como un retiro en su habitación golpeando la almohada. En un momento de calma, no cuando esté alterado, explícale que, cuando se enfade, puede marcharse a su cuarto y cerrar la puerta, sin dar portazos, subirse a la cama y aporrear la almohada durante un par de minutos. Déjale claro que no deberá aporrear otra cosa que no sea la almohada.

## 57

### *Si tu hijo sigue ofreciendo resistencia*

HE AQUÍ ALGUNAS OTRAS ESTRATEGIAS que puedes utilizar para evitar un conflicto inminente:

1. *Los avisos*

Muchos conflictos surgen cuando queremos que nuestros hijos hagan algo al instante y no lo hacen tan deprisa como desearíamos. Imagina que estás absorta en tu actividad favorita y, de repente, aparece un gigante que te arrastra para que hagas lo que él desea. Resulta muy frustrante. Si avisas al pequeño con cinco minutos de antelación, éste podrá recoger su juguete o terminar una tarea, y hacer la transición a lo que tenga que ocurrir a continuación. Este método funciona muy bien cuando los chicos se están preparando para coger el autobús de la escuela, antes de las horas de las comidas, cuando juegan con los amigos o cuando llega la hora de acostarse.

2. *La distracción*

A los niños pequeños es muy fácil distraerlos. Así, en el momento en que notes conflicto, distrae la atención del niño de la fuente que le causa frustración y encamínala hacia otra actividad. Por ejemplo, quieres que termine de jugar para acostarse. En vez de interrumpir de una manera brusca la diversión, atráelo con la promesa de un cuento u otra cosa que le guste. A veces basta con señalar otra cosa y empezar a hablar de ella.

Si el niño se pone irritable, hazle contar los coches rojos que ve pasar por la ventana, o enséñale la postal de una granja y hazle hablar de las vacas que viven en ella, inventa una conversación imaginaria entre dos de las vacas o cuéntale la vida de los terneros en el campo. Sigue intentándolo hasta que veas que el niño se ha tranquilizado.

Aun de mayores, es fácil distraer a los niños. A Sasha le encantan las historias divertidas, y Vera sabe que puede atraer la atención de Peter hablándole de windsurf.

### 3. *Cambia de actitud*

A veces nos preguntamos por qué dedicamos tanto esfuerzo a un curso de acción que, obviamente, no lleva a ninguna parte. Empezamos a discutir y luego discutimos más. Luego gritamos y gritamos con más fuerza para regañar a un niño. Después le imponemos un retiro, y al cabo lo prolongamos un tiempo más. Cuando quede claro que este método no funciona, prueba algo distinto.

Deténte unos momentos y piensa. Adopta otra actitud. Si ésta tampoco funciona, cámbiala y prueba otra más. Cada niño es diferente, por lo que deberás seguir probando hasta descubrir lo que funciona con tu hijo en un momento determinado.

### 4. *Utiliza tu arma secreta*

Cuando llegues a un punto del conflicto en que ya lo hayas probado todo —las consecuencias lógicas, el razonamiento, la distracción, el cambio de actitud— y seguís enfrentados, lo mejor es utilizar algo que apasione a los chicos a fin de obtener su cooperación.

Con Peter es el coche. Cuando molesta a Sasha o se muestra beligerante con sus padres, le advierten que le quitarán los privilegios que tiene sobre el coche y, de repente, se convierte en un ángel. A Sasha le encanta montar a caballo y quedarse a dormir en casa de sus amigas. Si sus padres la amenazan con no poder hacerlo, se vuelve la criatura más obediente del mundo. Andrew no puede vivir sin su *Barrio Sésamo* y los mimos antes de dormir, por lo que ésas son las armas que sus padres utilizan para que se comporte.

Nunca es necesario expresarlo como una amenaza, basta con decir: «Si quieres que cooperemos en lo que deseas hacer, nosotros queremos que cooperes ahora». A un pequeño de cinco años que anhela los mimos de su madre puedes decirle: «Si quieres que mamá te haga mimos, tienes que acostarte ahora mismo» o «Es la hora de los mimos, ahora o nunca».

### 5. *Discute el problema*
Con los niños es fácil razonar pero no hay que hacerlo en medio de un conflicto. Espera un par de horas hasta que todo el mundo se haya tranquilizado y entonces explícale al pequeño por qué ha sido inadecuada su conducta, averigua qué ha ocurrido y, lo que es más importante, discute con él la manera de evitar que vuelva a repetirse lo ocurrido. La siguiente vez que te encuentres en una situación difícil, recuérdale esas palabras.

# 58

## *Reduce la rivalidad entre hermanos*

HAY PERSONAS QUE DICEN que es imposible eliminar por completo la rivalidad entre los hermanos, que la mera existencia de uno de ellos basta para empezar una pelea. Y cierto es que existen un número de factores que contribuyen al problema, como las edades de los chicos, sus intereses, sus diferencias de personalidad y la posición de cada uno en la jerarquía familiar. Sin embargo, los padres pueden hacer mucho por reducir el problema.

Como es natural, siempre habrá pequeños roces inevitables entre hermanos, y lo mejor que se puede hacer es no tenerlos en cuenta o fingir no advertirlos y dejar que se solucionen por sí mismos.

Pero de lo que hablaré aquí es de qué puede hacerse para eliminar las peleas violentas entre hermanos que amargan la vida a toda la familia.

Una manera de empezar es insistir en que se lleven bien. Eso no significa que tengan que caerse bien en todo momento, sino que deben tratarse de una manera civilizada. Puedes reconocer los sentimientos sin permitir la conducta: «Comprendo que estés enfadado con Taylor, pero no puedes pegar a tu hermano».

Significa hacerles saber a tus hijos que sólo tolerarás el buen trato entre ellos. Significa ser coherente (apartado 43) y no permitirles nunca que se peleen o se insulten. Significa recurrir a los retiros (apartado 42), separarlos, mandarlos a sus habitaciones o imponer otras consecuencias lógicas (apartado 41) cada vez que se peleen.

Y significa dejar claro que no te importa quién ha empezado ni por qué, pero que tomarás las medidas necesarias para que se lleven bien. Y he aquí otras cosas que puedes hacer:

1. Cuando los niños son pequeños, no los dejes caer en la costumbre de pelearse. En vez de ello, enséñales a resolver los problemas que surjan entre ellos: «Michael, tú pinta en el lado izquierdo del cuaderno y Sarah lo hará en el derecho». O «Michael, puedes jugar con el tren diez minutos, luego le tocará a Sarah». Organiza la duración de los turnos o que la decidan ellos. Si lloran o se enfadan, quítales el cuaderno de colorear o el tren hasta que quieran jugar sin pelearse. Si te muestras coherente, aprenderán a arreglar las diferencias por sí mismos.

   Cuando sean más mayores, aliéntalos a pensar en las soluciones. Que se pregunten cómo resolver el problema de una manera justa para los dos. Te verás gratamente sorprendida con las respuestas que surgen cuando saben que tienen que solucionarlo ellos solos.

2. Sé neutral. Es posible que te sientas más cerca de uno de tus hijos que de los demás; eso es natural, pero requerirá más objetividad por tu parte. No permitas que esa cone-

xión especial con uno de ellos influya en tu actitud hacia los demás. Aprende a valorar a cada uno por sus valores propios.

También se darán ocasiones en las que te será más fácil llevarte mejor con un hijo que con otro, y luego las cosas cambiarán; tu ángel dulce se volverá rebelde y el huraño adolescente sacará la basura sin que se lo pidan. Si te mantienes imparcial, los niños sentirán que los amas por igual; pero si estableces una alianza con uno de ellos, herirás inevitablemente al otro y con eso lo único que conseguirás es acentuar la rivalidad.

Y un niño que se siente menospreciado porque cree que no eres imparcial suele intentar compensarlo llamando la atención de una forma negativa, hasta llegar al punto en que no le importe que lo alabes o lo castigues siempre y cuando le prestes atención. En la adolescencia, esta atención negativa puede buscarse mediante una conducta sexual promiscua o el consumo de drogas, y entonces la vida se complica muchísimo.

3. No caigas en la tentación de comparar a tus hijos entre sí ni con nadie más. El comentario «¿Por qué no eres más como tu hermana pequeña?» suele terminar con que la niña mire con presunción a su hermano y éste le pegue en cuanto vuelvas la espalda.

4. Alaba a tus hijos en privado. «¿Y yo?» son las palabras que oirás automáticamente cada vez que elogies a uno de tus hijos delante de los demás. El que es elogiado se siente arrogante y superior. Los otros se sienten despreciados y no queridos aunque ésa no fuese la intención de los padres. Aliéntalos en todo lo que emprendan, pero hazlo en privado.

5. Para reprenderlos, hazlo también en privado. Ser reñido en presencia de otros es humillante. Entre hermanos puede desatar la ira, y esa ira anula por completo los beneficios que se derivan de la reprimenda. Nunca hagas que un niño se sienta bien a expensas de otro.

6. Cuando tus hijos se lleven bien, compartan las cosas y cooperen entre sí, llénalos de

elogios. Hazles saber que lo has notado y lo mucho que lo valoras. Entonces ambos os sentiréis orgullosos de haber hecho algo que a ti te gusta.

7. Alienta a tus hijos a ayudarse mutuamente. Esto suele resultar más fácil cuando hay tres o cuatro años de diferencia entre ellos. Cuando sus habilidades son más parejas, tienden a competir más que a cooperar. Sin embargo, siempre puedes encontrar la oportunidad de que los hermanos, sean cuales sean sus edades, se ayuden entre sí en los deberes, en las tareas domésticas o simplemente compartiendo los buenos ratos. Si sienten que pertenecen al mismo equipo en vez de creerse adversarios, empezarán a llevarse mejor.

8. Asegúrate de que tienes tiempo para estar con tus hijos de uno en uno. La familia es a menudo un núcleo caótico y ruidoso en el que sus miembros llevan cada uno su propia agenda, luchan por conseguir atención o se pierden entre la multitud. Un niño apartado de los hermanos suele ser una persona totalmente distinta, más cariñosa y más cooperativa.

Dedica diariamente ese tipo de atención a cada uno, aunque sólo sean unos minutos antes de dormir. Y si tienes una cita semanal con cada uno (apartado 100), te resultará mucho más fácil eliminar los problemas de rivalidad entre hermanos.

## 59

### *Mira hacia el futuro*

A VECES NOS SENTIMOS tan apresados en una batalla de poder con nuestros hijos que perdemos de vista lo que estamos intentando conseguir. Es importante mirar más allá del altercado inmediato y ver qué estamos enseñando a nuestros hijos con vistas al futuro.

Los conflictos sacan a la luz lo peor de cada uno. El primer impulso suele ser enfurecerse, gritar, criticar, castigar, agitar los brazos, soltar maldiciones, echar las culpas a alguien, dar portazos o romper cosas. Pero todas estas reacciones sólo contribuyen a aumentar el conflicto y no aportan ninguna solución. Grita y tus hijos gritarán. Las críticas y las culpas socavan la autoestima de los pequeños. Pelear, maldecir y pegar son actitudes contraproducentes y perjudiciales. Toda esta conducta es un mal ejemplo para ellos.

Entonces, ¿qué hacer? Lo diré de nuevo. Respira hondo una, dos o tres veces, cuenta hasta diez y luego concéntrate en el problema e intenta encontrarle una solución.

Tu hijo ha colado una pelota por la ventana del vecino. ¿Se ha hecho daño alguien? ¿Se ha roto algo? ¿Has hablado con el vecino? ¿Le has ayudado a recoger los desperfectos? Supongamos que tendrás que pagar los daños ocasionados. La próxima vez, que el niño juegue en el parque.

Tu hijo de seis años ha derramado pintura en la alfombra. Enséñale a limpiarlo y limita las pinturas a zonas más seguras de la casa.

Una niña rebelde se dedica a molestar a todo el mundo sólo por el placer de hacerlo; hazla salir de la habitación hasta que esté dispuesta a cambiar de conducta.

Sea cual sea el agravio, dile al niño: «Eso es consecuencia de tu conducta. No me interesa encontrar a alguien a quien echar la culpa; lo que me interesa es que esto no ocurra de nuevo. De ahora en adelante, lo harás de esta manera».

Entonces descríbele cómo quieres que se comporte la próxima vez que se encuentre en una situación similar: «Limpia lo que has manchado y la próxima vez pinta en la encimera de la cocina».

«Sal de tu habitación cuando tengas ganas de llevarte bien con todo el mundo.»

«De ahora en adelante, si quieres hacer pasteles de barro, hazlos fuera.»

«La próxima vez que quieras ir a nadar, quítate los zapatos primero.»

De este modo emplearás la energía en dar consejos y orientaciones en vez de malgastarla gritando o buscando culpables. Los conflictos se evitan y los errores se convierten en experiencias de aprendizaje.

# 9

# Las cuestiones familiares

## 60

### Convierte el cuidado de los hijos en una labor de equipo

LOS HOMBRES NO HABÍAN estado nunca tan implicados en las vidas de sus hijos como hoy en día. A diferencia de hace unas décadas, en la actualidad hay padres que cuidan de sus hijos a tiempo parcial o completo, que se organizan el horario según las actividades de los chicos, que cambian pañales, que se levantan de madrugada a consolar a un bebé que tiene un cólico, que llevan a sus hijos a fiestas de cumpleaños, que se reúnen con los profesores y que regresan del trabajo más temprano si el pequeño está enfermo.

Unos estudios recientes de la Escuela de Medicina de la UCLA demuestran que los niños cuyos padres están comprometidos en su cuidado se adaptan mejor socialmente, tienen menos tendencia a la violencia y unos coeficientes de inteligencia más altos.

Sin embargo, aun cuando ahora más mujeres que nunca trabajan todo el día fuera de casa, lo mismo que los padres, hay hombres que se ocupan mínimamente del cuidado de sus hijos. Las razones de ello son diversas, como la clásica adicción al trabajo y la ausencia de un modelo del papel paterno. Pero, a nivel estadístico, son todavía las mujeres las que llevan casi todo el peso de la casa y la responsabilidad del cuidado de los niños.

Si eres una madre que se encuentra en estas condiciones, habla del problema con tu compañero. El trabajo y la familia conllevan unas responsabilidades que a veces parecen irreconciliables, pero el padre tiene que comprender que ahora es el momento de entablar una relación con su hijo porque no habrá un después. Tiene que comprender además que es injusto que tú lleves toda la carga. Es demasiado trabajo para una sola persona y ambos sois responsables de vuestros hijos.

He aquí algunos pasos que te llevarán a cambiar la situación:

Empieza una discusión o serie de discusiones sinceras con tu marido. Muchas mujeres temen «molestar» a sus esposos con «asuntos domésticos». Sin embargo, tómate un tiempo para pensar en qué te gustaría que colaborase tu marido, y luego háblalo con él.

Procura que tu marido planifique el tiempo que dedica regularmente a los niños del mismo modo que planifica un viaje de negocios. Sentaos juntos con el calendario familiar (apartado 76) y repasad juntos las citas del próximo mes. Decidid quién se responsabilizará de qué, en qué fechas le irá mejor salir de viaje o trabajar hasta más tarde y en qué fechas deberá estar en casa para asistir a la final del campeonato de fútbol de vuestro hijo o para asistir a reuniones con los profesores. Como es natural, habrá ocasiones en las que deberá estar fuera, y tal vez puedas reprogramar el evento para adaptarlo a las necesidades de tu marido.

Expresa con claridad cuáles son tus necesidades. No esperes a que tu marido te lea el pensamiento para decepcionarte luego al ver que no lo hace.

Crea oportunidades para que tu marido se quede solo con los niños. Deja a los chicos con su padre los sábados o los domingos por la tarde en que él estará libre. Así aprenderá qué significa cuidar a los hijos y tú podrás tomarte tiempo para ti misma.

No critiques. Cuando dejes a los niños al cuidado de su padre, no seas crítica con lo que hace. Comerán, pero seguramente en el McDonald's. Se vestirán, pero probablemente no se pondrán las prendas que hayas elegido. Se acostarán, pero después de su hora normal. Facilítale las cosas cuando se marchen y, al regresar, no abras la boca. Lo más importante es el tiempo que han pasado juntos.

Alienta a tus hijos a responsabilizarse de la relación que tienen con su padre. A menudo, la madre hace de mensajera entre el padre y los chicos. Le pide cosas en nombre de los pequeños e informa a éstos de lo que él ha decidido. Si tus hijos necesitan algo de su padre, que se lo pidan directamente y viceversa. Con esto los niños aprenden a expresarse, a comunicarse con su padre y a saber que él se responsabiliza de las promesas que hace.

Pídele que te ayude en las tareas domésticas. En Estados Unidos, setenta por ciento de las madres trabajan fuera de casa; no obstante, noventa y cinco por ciento son las únicas responsables del gobierno del hogar. Pide a tu marido que colabore. Pregúntale de qué tareas le gustaría encargarse y ofrécele distintas opciones. Si no puede y tú tampoco, o ambos tenéis demasiadas obligaciones, contrata a alguien para que te ayude con la casa hasta que podáis simplificar otras esferas de vuestra vida.

Los niños necesitan que tanto el padre como la madre cuiden de ellos y que les sirvan de modelos, compañeros de juegos, consejeros, maestros y cuidadores. Haz todo lo posible para que la crianza de los hijos sea una labor de equipo.

# 61

## *Mantén unida a la familia*

TODOS LOS MATRIMONIOS pasan años difíciles. Hay pocas parejas que no se hayan preguntado, en un momento u otro, si deben seguir juntos o separarse. Muy a menudo se divorcian antes de identificar unos problemas que podrían haberse resuelto con paciencia, esfuerzos y terapia matrimonial. Las rupturas suelen ser muy dolorosas, sobre todo cuando hay niños de por medio.

El National Survey of Children ha llegado a la conclusión de que los hijos de parejas divorciadas son dos o tres veces más susceptibles a problemas emocionales y de conducta que los niños que viven con los dos progenitores. El divorcio es uno de los factores más comunes que llevan a los problemas de desarrollo, al embarazo durante la adolescencia, a la conducta violenta y al consumo de drogas y alcohol. Y los padres divorciados y sus hijos sufren cambios de estilo de vida y de situación económica cuando los bienes se separan y el dinero se convierte en objeto de discusión.

Por supuesto, si has sido víctima de malos tratos físicos o emocionales, no te quedará otra opción que separarte por tu bien y el de tus hijos. Si crees que en tu matrimonio aún hay esperanzas, busca asesoramiento después de separarte, pero no te quedes con tu marido creyendo que éste cambiará. Si te quedas en un entorno violento o inestable, pondrás en peligro el bienestar físico, psicológico y emocional de tus hijos.

Y hay matrimonios que son inviables debido a que uno de sus componentes o ambos se niegan a cambiar, se niegan a dejarse asesorar o no quieren admitir que existen problemas. Hay padres que deciden, de manera acertada, que el entorno que crea su relación de pareja no es el adecuado para la crianza de sus hijos.

Pero si, como muchas parejas, los cónyuges se han distanciado, están enfadados o aburridos el uno del otro, hay muchas posibilidades de que el problema no sea del matrimonio en sí sino de las expectativas de sus componentes.

Son muchos los que creen en el mito de que una pareja puede vivir feliz toda su vida sin tener que hacer ningún esfuerzo, pero es imposible mantener la pasión constante del compañero durante décadas de matrimonio, sobre todo en los años difíciles, ruidosos y agobiantes de la crianza de los hijos.

Muchas parejas carecen de la comunicación necesaria para resolver sus problemas y se enfadan o se llenan de resentimiento cuando surgen dificultades. Otros copian al pie de la letra el matrimonio de sus padres... sin advertir que muchos de esos matrimonios no funcionaban como debían.

No es raro que los matrimonios soporten la tensión hasta que el hijo más pequeño empieza a ir al colegio. Hasta entonces, los padres están tan ocupados alternando el trabajo con el cuidado de los hijos que no tienen tiempo ni energía para concentrarse en el matrimonio. De repente, cuando se quedan solos en casa, dan rienda suelta a los viejos problemas y resentimientos.

Si tienes dificultades en tu matrimonio, antes de acudir al abogado considera las siguientes opciones:

Primero de todo, piensa en los niños. Tú ya has tenido tu tiempo y volverás a tenerlo cuando crezcan. Que éste sea el tiempo de ellos. Piensa seriamente en el impacto que un divorcio tendría sobre sus vidas, no sólo a corto plazo sino también a largo plazo.

Comprende que el divorcio sólo es una separación física, ya que tu ex esposo continuará desempeñando un papel importante posiblemente durante el resto de tu vida. Tendrás que seguir con él para negociar asuntos referentes a los niños. Tal vez podrías empezar por expresar y comunicar tus problemas mientras aún estás casada porque, de todas formas, tendrás que hacerlo después.

Asegúrate de comprender las consecuencias económicas antes de añadir apuros financieros y el estrés de tratar con unos chicos que echan de menos a su padre a las ya de por sí monumentales dificultades de criar a los hijos.

Esto no quiere decir que debas mantener tu matrimonio por el bien de los hijos o por razones económicas. Al contrario, lo que quiero sugerirte es que hagas todo lo posible para que tu matrimonio funcione, por el bien de tus hijos y por el tuyo propio.

Habla con tu marido, con tranquilidad, sin críticas, y exprésale tus sentimientos.

Consulta a un buen consejero matrimonial, pero no cometas el mismo error que unos amigos míos. Se pasaron tres años asistiendo juntos y por separado a un consejero matrimonial. Han avanzado muy poco, su matrimonio aún es frágil, han gastado cientos de dólares y las vidas de sus hijos han estado sometidas a una constante agitación. Si al cabo de dos meses no apreciáis ninguna mejora, lo más probable es que no hayáis elegido a un buen terapeuta. Buscad otro.

Habla con amigos que hayan salvado su matrimonio, que te cuenten lo que hicieron para que funcionara. Muchos te dirán que están agradecidos del esfuerzo adicional que tuvieron que hacer para seguir juntos y que su relación es cada vez mejor.

Ten paciencia. Las cosas tardaron tiempo en estropearse, por lo que es posible que también tarden algo en arreglarse.

Entretanto, sigue adelante. No te carcomas mientras esperas a que tu relación mejore. Practica algún deporte, matricúlate en cursos para adultos, busca un trabajo que te guste. Responsabilízate de tu felicidad y de tu satisfacción. El que tú te diviertas no es asunto de tu marido.

Aprende las habilidades que se necesitan para mantener una relación. Sé realista y comprende que, a menos que hayas tratado con sinceridad las cuestiones que estén causando problemas, las segundas nupcias, con padrastros, hermanastros, hijastros y todas las demás complicaciones de formar una nueva familia no son la panacea que muchos creen. Cincuenta por ciento de los segundos matrimonios terminan en divorcio. Eso quiere decir algo.

Haz todo lo que puedas antes de solicitar el divorcio. Si tu matrimonio sigue sin funcionar después de tantos esfuerzos, al menos sabrás que tomaste la mejor decisión.

# 62

## *Cómo afrontar el divorcio*

SI HAS HECHO TODO lo que estaba en tus manos y sigues pensando que el divorcio es la mejor solución, o si ya te has divorciado, ¿cómo puedes ayudar a los chicos a que la transición hacia esa nueva vida y la nueva organización familiar sea lo más sencilla posible?

Lo mejor es mantener una relación amistosa con tu ex marido. Eso es mucho más fácil decirlo que hacerlo, claro está, pero, independientemente de lo que haya ocurrido entre ambos, todavía tenéis unos hijos comunes y habréis de trabajar juntos para criarlos. Procura que el bien de los chicos sea la máxima prioridad.

Nunca critiques a tu ex marido delante de los niños ni les pidas que se pongan de parte de ninguno de ambos por enfadada y triste que estés. No permitas que oigan conversaciones en las que hables de tus sentimientos hacia él, que tal vez te esté llevando de nuevo a juicio por la manutención económica de los chicos o el derecho a las visitas. Intenta no abrumar a los niños con tus sentimientos. Guárdate el trauma para el terapeuta o para tu mejor amiga.

Cuando los chicos crezcan les será más fácil juzgar al progenitor que ha sido justo y al que les ha dificultado mantener una buena relación con el otro. Los niños han de quererlos a ambos para tener una vida equilibrada y entablar relaciones armoniosas con otras personas en el futuro.

Respeta el acuerdo a que llegasteis en lo tocante al régimen de visitas, pero muéstrate flexible en caso de algún acontecimiento especial. Accede a cambiar el turno o efectuar cualquier otra modificación si te lo solicita. Cuanto más fácil tengan el acceso a sus hijos los padres que no ejercen la custodia, mayor será la probabilidad de que se impliquen en la vida del niño.

Haz todo lo posible para evitar que los niños sufran grandes trastornos. Si puedes, quédate en la misma casa o apartamento, o al menos no los cambies de escuela, para que los pequeños puedan realizar las mismas actividades y jugar con los mismos amigos.

Explica a tus hijos todas las veces que sea necesario que tu esposo y tú no os llevabais bien pero que ambos los queréis más que nunca. Ten en cuenta que, según la edad o la personalidad de los pequeños, muchos no comprenderán que ellos no han tenido nada que ver en la separación y sufrirán un terrible complejo de culpa por la ruptura. Algunos niños se preocupan por sus padres y se sienten responsables de su felicidad. A veces interiorizan sus preocupaciones para no abrumar más a sus padres. Otros niños las exteriorizan para conseguir que les presten la atención que tanto necesitan.

Procura que tus hijos expresen lo que sienten. Cuando veas que están ansiosos o deprimidos o que su rendimiento en la escuela no es bueno, hazles hablar de sus preocupaciones. Para ellos, un buen asesoramiento también es importante. Los dos primeros años después del divorcio suelen ser los más difíciles, sobre todo para los hijos varones. Es posible que necesiten ayuda profesional a fin de superar ese momento difícil de sus vidas. Existen también grupos de apoyo para hijos de divorciados, y los niños se sienten más «normales» cuando ven a otros chicos pasando por experiencias similares.

Al mismo tiempo, tendrás que dejarles claro que tu esposo y tú ya no volveréis a estar juntos. De la forma más dulce posible, no les permitas aferrarse a una falsa esperanza que les impediría seguir adelante.

Alienta a tus hijos a comunicarse con el otro progenitor, a que se vean o hablen por teléfono todo lo posible. Los niños os necesitan a ambos.

Si decides empezar a salir con un nuevo compañero, no digas nada hasta que la relación se formalice. Los niños suelen encariñarse con las personas nuevas, y si después la relación no funciona, se sienten abandonados. Una relación nueva que no fructifique volverá a complicarte la vida por completo.

Evita visitantes nocturnos cuando los niños estén en casa, ya que eso les transmite un mensaje confuso. Se preguntan si esa nueva persona ocupará el sitio de papá o los desplazará en el corazón de mamá. Por más que desees compañía, piensa primero en tus hijos.

# 63

## *Simplifica tu vida si eres el único progenitor*

EDUCAR A LOS HIJOS requiere un esfuerzo extraordinario. Las familias con los dos progenitores en casa ya van sobradas de trabajo y, para un padre o una madre solos, las dificultades pueden parecer abrumadoras. Todo, desde las preocupaciones económicas hasta los problemas con los chicos, pasando por la fatiga y la soledad, es mucho más duro cuando tiene que afrontarlo uno solo.

Por difícil que parezca, el primer paso hacia la simplificación es superar el dolor o la frustración que sientan por estar solos.

Tanto si esa soledad se debe al divorcio como a la muerte del cónyuge, tendrás que sobreponerte a los sentimientos y dejar atrás el pasado. Concédete tiempo para afrontar la frustración de un divorcio o el dolor por la muerte de tu pareja; si lo necesitas, recurre a la ayuda profesional, tanto para ti como para los niños, pero concéntrate en el presente y no en el pasado. Si permites que la ira o el dolor te consuman, criar a tus hijos te resultará mucho más difícil.

La clave para ser una madre o un padre eficaces es la eficiencia. Y si se trata de uno solo, la eficiencia tiene que ser doble. Apenas tienes tiempo y energía para tratar con los chicos, llevar la casa y conservar el trabajo. ¿Cuál es, pues, la mejor manera de poder con todo y de que aún te sobre tiempo para disfrutar con los tuyos?

El paso más importante será, probablemente, buscar un trabajo que te permita un horario flexible. Muchas empresas ofrecen la posibilidad de tener horarios flexibles o de trabajar media jornada.

Averigua si podrás hacerlo en tu trabajo actual y, si no, considera seriamente la posibilidad de cambiar de empleo. Como no tienes una pareja en la que apoyarte, necesitarás contar con una situación laboral que te permita atender a tus hijos si están enfermos y no has encontrado canguro, asistir a reuniones del colegio, a los actos escolares en los que intervengan tus chicos, llevarlos al dentista y otros asuntos que deben resolverse en horas de oficina.

Otra posibilidad que puedes tener en cuenta es trabajar en casa (apartado 67).

Haz un esfuerzo extra por mantener abiertos los canales de comunicación con tus hijos y tómate en serio las cuestiones relacionadas con la disciplina. Asegúrate también de dedicar tiempo a la diversión. En una casa siempre hay cosas que hacer, pero es mucho más importante pasar un buen rato todos juntos.

Reserva un par de días al mes (y unas cuantas veladas si puedes) durante los que puedas olvidarte de tus responsabilidades, dejar las camas sin hacer, la colada sin lavar y dedicarte simplemente a disfrutar. Y en esos instantes será más importante que nunca que te tomes tiempo para cuidar de ti misma (apartado 8).

Acepta toda la ayuda que te brinden (apartado 14) las tías, los tíos, los primos, los amigos, los vecinos, los abuelos y otros familiares de los dos lados, así como de los programas estatales o municipales. No dejes que el orgullo te impida mejorar tu vida y la de tus hijos. Cualquier cosa que hagas para aligerar tu carga repercutirá en beneficio de toda la familia.

Apúntate a un grupo de apoyo de progenitores solos. Resulta muy útil poder compartir sentimientos con personas que tienen experiencias afines. Por más que tus amigas y amigos casados te apoyen, tal vez no comprendan lo mal que lo estás pasando.

Dedica tu tiempo y energía a las personas y cosas que más te importan: los hijos, el trabajo, unos cuantos amigos y alguna afición especial.

No te cierres al mundo. Después de un divorcio o el fallecimiento del cónyuge es muy fácil aislarse, pero de ese modo lo único que conseguirás será prolongar tu tristeza y soledad. Esfuérzate por salir con amigos, ve al cine, haz un viaje, conoce a gente nueva, practica un hobby o un deporte que siempre te haya interesado. Constrúyete una vida nueva en vez de llorar la pérdida de la vieja.

Nadie espera que olvides el pasado, pero la vida tiene que seguir adelante, por tu bien y el de tus hijos. Recuerda que tus hijos te mirarán en busca de señales de que todo va bien. La vida te será mucho más fácil si los convences y te convences a ti misma de que así es.

# 64

## Las fusiones familiares

EN LA ACTUALIDAD, los hijastros, las ex esposas y los ex maridos, los familiares políticos y los ex familiares políticos, y los hermanastros y hermanastras constituyen una gran parte de muchas familias. La dinámica de estas fusiones familiares afecta en gran manera a la visión del mundo del pequeño, un lugar que parecía seguro y estable cuando papá y mamá vivían juntos.

Como progenitor, tu deber es ayudar a los chicos a sentirse seguros con su nueva familia y su hogar a fin de que puedan madurar social, emocional e intelectualmente. Integrar dos familias es una propuesta muy difícil. Si no se hace de manera adecuada, puede convertirse en una pesadilla para todas las personas implicadas.

La reacción de los niños ante una segunda boda depende de muchos factores. Los más pequeños se adaptan mejor que los mayores. Los adolescentes, que justo empiezan a entablar sus propias relaciones, son los que lo pasan peor.

Las chicas parecen tener una mejor adaptación que los chicos, pero a todos les cuesta aceptar a un nuevo progenitor de su mismo sexo. Como madrastra con tres hijastros, puedes experimentar tres reacciones distintas, según la edad, el sexo y el temperamento de los niños: uno te aceptará por completo, a otro le serás indiferente y el tercero puede mostrarse abiertamente hostil.

He aquí algunos consejos para simplificar la transición:

1. Permite que el progenitor sea el progenitor. Deja claro a los niños que el padrastro o la madrastra no sustituirá al padre o a la madre. Si el progenitor eres tú, no delegues tus responsabilidades parentales en tu nueva pareja. Educar a tus hijos es cosa tuya, no de tu nuevo cónyuge.

   También, si es necesario, deja claro a los niños que no podrán molestar al padrastro o la madrastra para que se vaya.

   Aunque los padrastros y las madrastras deberán encargarse a veces de la disciplina, deja que sea el padre o la madre quien lo haga el máximo posible. Tu nuevo cónyuge tendrá la gran oportunidad de ofrecer amistad y apoyo a tus hijos, alentar sus aficiones e intereses, ayudarlos con los deberes, enseñarles a cocinar o a navegar y estar a su disposición cuando lo necesiten. El nuevo cónyuge puede asumir el papel de un viejo amigo, amable y cariñoso, y dejar que sea el padre o la madre quien se encargue de las disputas y la disciplina.

2. Da tiempo a los niños para estar con sus padres. Si eres el progenitor, asegúrate de disponer de tiempo para estar con tus hijos cuando tu nuevo cónyuge no esté presente.

   Si eres el nuevo cónyuge, inevitablemente tendrás que compartir a tu esposo o esposa con sus hijos. Lo mejor es aceptar el hecho, acostumbrarse a él y tomar medidas para evitar que se acumule el resentimiento. Recuerda que tu felicidad depende en gran medida de la felicidad de los demás miembros de la fusión familiar.

3. Establece las normas domésticas (apartado 11). Tus hijastros tienen ahora dos casas y es inevitable que en ambas las cosas se hagan de distinta manera. Asegúrate de que todo

el mundo entiende las normas domésticas de tu casa. Resulta más fácil cuando es el padre o la madre el que habla de las normas y obliga a seguirlas. El nuevo cónyuge debe mostrar adhesión a ellas, pero hacer de juez o de árbitro no es asunto suyo; eso es responsabilidad del padre o de la madre.

4. Sé imparcial. Si quieres hacer algo especial con tus hijos, hazlo en privado. No los alabes ni les hagas regalos cuando sus hermanastros estén presentes porque se sentirían excluidos. Los hijos de tu nuevo cónyuge llegarán a aceptar que entre tus chicos y tú hay un vínculo especial, pero resulta muy cruel demostrar un flagrante favoritismo en tu trato hacia ellos.

5. Insiste en la conducta respetuosa. Por más que los hijos se enfaden con un nuevo matrimonio e independientemente de lo que sientan por sus padres o padrastros, recuérdales que las diferencias pueden discutirse en vez de gritar, dar portazos o insultar.

6. Recuerda que para los niños también es muy difícil. Así como a ti te resulta difícil formar parte de la nueva familia fusionada, los chicos también pisan un terreno desconocido. Necesitan sentirse amados y aceptados, tanto si se portan bien como si se portan mal, igual que ocurría en su familia original. Y pondrán a prueba los límites del nuevo cónyuge del mismo modo que lo han hecho con sus padres.

No olvides que eres el adulto. Tienes que responder con lógica, coherencia, buen humor y mucha paciencia y mantenerte firme a la vez.

7. No te rindas. En una familia que conozco, la niña de tres años desde el principio aceptó a su padrastro como si fuera su padre; en cambio, su hermano de seis tuvo más problemas para relacionarse con esa nueva persona de su vida, y el hombre enseguida renunció a ganarse el cariño del chico. Si hubiera insistido más, probablemente el chico habría acabado por aceptarlo.

8. Apúntate a un curso para padrastros. Muchas escuelas y comunidades ofrecen clases en las que se da información, consejos y la oportunidad de compartir las experiencias con

otras personas que se hallen en la misma situación. Sólo el hecho de saber que hay otros que experimentan las mismas dificultades es una ayuda y un alivio.

9. Sé especialmente sensible si va a nacer otro bebé. No des demasiada importancia al hecho cuando los otros niños estén delante. Tranquilízalos constantemente no sólo con palabras sino también con actos y diles que el nuevo bebé no los desplazará ni amenazará su seguridad en la familia. Si eres justa, coherente, atenta y cariñosa con tus hijos e hijastros, no te equivocarás.

## 65

### Conoce las opciones existentes en el cuidado de tu hijo

ENCONTRAR EL CUIDADO ADECUADO para los niños no resulta nada fácil. Puedes dejar a los niños durante una hora o durante un día entero, pero el cuidado que reciban tiene que ser el mejor de los que estén a tu alcance. Esto es una dificultad auténtica, ya que unos estudios realizados por la industria del cuidado infantil han demostrado que sólo 40 % de los centros comerciales cumplen los requisitos mínimos para el cuidado básico.

Tus hijos son las personas más valiosas de tu vida. No basta con encontrar una cuidadora que hable el mismo idioma de los niños, tenga carnet de conducir y no fume. También es necesario que sea alguien con experiencia, paciencia, madurez, buenas referencias y, sobre todo, alguien a quien le gusten los niños, los tuyos en particular.

Para simplificar el proceso de encontrar un buen cuidado para los niños, estudia primero las opciones que posees y evalúa las ventajas e inconvenientes de los distintos sistemas.

He aquí una lista de los posibles cuidadores y algunas cosas que debes tener en cuenta con respecto a cada uno de ellos.

*En casa:*

Dada la relación que los familiares tienen con tus hijos, no suelen cobrar por sus servicios, pero tal vez no se tomen el trabajo en serio y no puedas contar con ellos cuando más los necesites. Y en realidad, las gangas milagrosas no existen, por lo que evalúa el coste.

Las niñeras internas y las *au pair* estarán a tu disposición las veinticuatro horas del día, lo cual proporciona a los niños un sentido de estabilidad, aunque la mayor parte de ellas trabajan sólo con contratos de un año de duración. Sin embargo, son muy caras, se pierde la intimidad y tal vez a ti o a los niños no os caigan bien. Casi siempre, las mejores niñeras son las hijas de los amigos o de algún familiar. Buscar niñera a través de una agencia no garantiza que os vayáis a llevar mejor con ella que si la encuentras poniendo un anuncio.

Las canguros ofrecen estabilidad a los niños, vienen y se van según se las necesite, se les paga sólo las horas que han trabajado y tú conservas la intimidad. No obstante, tal vez no puedas contar con ellas cuando las necesites y suelen ser caras.

Tanto si eliges a un familiar como a una canguro, asegúrate de que esa persona tiene una buena relación con tus hijos y los estimula y juega activamente con ellos en vez de ponerlos ante el televisor. Pásate por casa de forma inesperada para ver qué están haciendo. Pregunta a los chicos si les gusta la cuidadora. Pregúntales lo que han hecho durante el día y estáte atenta a las señales de que las cosas no van bien, como los cambios repentinos en la conducta de los niños.

*Fuera de casa:*

Las guarderías no son tan caras como las canguros y brindan al pequeño la oportunidad de relacionarse con otros niños y jugar con juguetes distintos. Las cuidadoras tienen que ser tituladas y el establecimiento cumplir unos requisitos mínimos, pero no aceptan niños enfermos, tu hijo tal vez se sienta perdido entre la multitud, los juguetes quizá no sean los adecuados a la edad del pequeño y hay mucho cambio de personal.

Llevar a los niños a casa de una cuidadora no resulta caro como las guarderías o las canguros, y la cuidadora es la misma de año en año. A veces, hay otros niños con los que jugar y un número limitado de juguetes. Sin embargo, estas personas no tienen ningún título y están sometidas a muy poco control. Es posible que superen la proporción recomendada de niños por adulto y quizá carezcan de preparación.

Los centros de enseñanza preescolar no suelen ser muy caros, permiten una gran interacción social con otros niños, cuentan con material didáctico y tienen que cumplir los requisitos mínimos de higiene, seguridad y la proporción maestro/niños para que el estado autorice su apertura. El único inconveniente es que sus horarios son limitados y los domingos están cerrados.

He aquí algunas cuestiones que plantearse cuando se busca calidad en el cuidado de los niños fuera de casa. Recuerda que dejarás a tu hijo en ese lugar muchas horas al día, todos los días. Que sea «adecuado» no basta como requisito; tiene que ser además un entorno en el que el niño se sienta querido, seguro y protegido.

1. *La estructura física.* ¿Es un lugar alegre y aireado? ¿Es limpio y seguro? ¿Están limpios los servicios? ¿Hay armarios que pueden cerrarse con llave y el patio tiene verja? ¿Pasarías un día en ese lugar?

2. *El personal.* ¿Tiene la preparación necesaria? ¿Cuánto tiempo lleva trabajando en el centro? ¿Cambia muy a menudo?

3. *Los cuidadores individuales.* ¿Son sensibles con los niños? ¿Hablan directamente con ellos? ¿Les prestan atención personalizada cada día? ¿Juegan con los pequeños? ¿Los ayudan a resolver problemas o gritan y los castigan? ¿Están abiertos a preguntas y sugerencias?

4. *La proporción adulto/niño.* ¿Cuántos niños hay para cada adulto? Asegúrate de que el establecimiento cumple las normas dictadas por la ley para las distintas edades.

5. *La edad.* ¿Están los niños separados por edades? Un niño de cuatro años no debe estar en el mismo espacio que uno de dos años o un bebé. Su cuidado, sus intereses y sus habilidades son completamente distintas. La cuidadora no puede satisfacer todas sus necesidades y ofrecerles a la vez un tiempo para jugar adecuado.

6. *Juguetes y actividades.* ¿Son apropiados para la edad y estimulantes? ¿Se encuentran en buen estado? El establecimiento ¿compra material nuevo con frecuencia?

7. *El precio.* ¿Es buena la relación calidad-precio? De no ser así, avente a pagar más. Unos estudios recientes en la industria del cuidado infantil han demostrado que, a veces, un centro un poco más caro ofrece mucho más en cuanto a calidad se refiere.

8. *Accesibilidad.* ¿Puedes presentarte sin previo aviso en cualquier momento? En esas visitas te harás una idea de cómo pasa el día tu hijo. Nunca lleves a tus hijos a un establecimiento donde no te permitan verlos en un momento determinado.

Lo más importante de todo es seguir lo que te dicte el corazón y escuchar lo que cuenten tus hijos, aunque eso signifique tener que cambiar de canguro o de establecimiento.

## 66

### *Considera la posibilidad de trabajar en casa*

EN LA VIDA DE UN NIÑO no hay nada mejor que el cuidado familiar. Por buenos que sean los servicios de cuidados externos que puedan ofrecerle, un padre o una madre son insustituibles. Si nunca lo habías pensado antes, considera la posibilidad de trabajar en casa.

Busca una solución creativa que te permita ganar un sueldo y estar a la vez cerca de los chicos. Cada vez hay más actividades laborales que pueden realizarse en casa. Los trabajos de informática, de publicaciones empresariales, la corrección de pruebas editoriales, los gráficos, el diseño, la arquitectura, la ingeniería, el dibujo, la enseñanza, la medicina, la abogacía y las asesorías de todo tipo sólo son algunas de las numerosas posibilidades que existen hoy en día.

Piensa en lo fácil que sería poder trabajar en casa. No tendrías que preocuparte de la guardería, el transporte, las actividades extraescolares, los días en que la canguro está enferma o las tardes en que tu jefe te pide que te quedes en la oficina hasta la hora en que los niños tendrían que acostarse. Dispondrías de más tiempo para prestar a los niños la atención que necesitan, para seguir más de cerca sus actividades escolares y extraescolares y para supervisar su tiempo libre.

Tal vez tengas que cambiar de estilo de vida y renunciar a ciertas cosas materiales, pero merece la pena.

Cuando Vera supo que estaba embarazada de Peter, le hubiera gustado poder quedarse en casa, pero necesitaban el dinero que ganaba. Su empleo como jefa del departamento de promoción de un diario deportivo de tirada nacional la hacía estar en contacto con muchos trabajadores *freelance*, como fotógrafos, diseñadores gráficos, ilustradores, vendedores, etcétera. Siempre le había gustado mucho el diseño y decidió dedicarse a ello y llegó a un acuerdo con su jefe para trabajar como diseñadora gráfica desde su casa una vez que naciera el bebé.

Durante el embarazo estudió diseño gráfico y cuando Peter nació empezó a trabajar en casa a tiempo parcial. A todo el mundo le fue muy bien; sólo fue necesario un poco de esfuerzo creativo. Muchas empresas están abiertas a los colaboradores externos, los horarios flexibles y otras opciones que hacen posible que los padres puedan trabajar en casa.

Considera esta posibilidad aun cuando seas el cónyuge que más dinero aporta a la economía familiar. Hace años que voy a un dentista que tiene la consulta en su casa y que da horas de visita adaptándose a la agenda familiar.

La oficina en casa te supondrá la ventaja de estar junto a los tuyos, además de ganar todo el tiempo que te ahorras en transporte. Pero lo más importante es que estarás en casa cuando tus hijos te necesiten y compartirás los alegres años de su infancia.

## 67

## *Piensa en la posibilidad de dedicarte a tus hijos a tiempo completo*

UNAS INVESTIGACIONES RECIENTES realizadas por la Universidad de California en Berkeley demuestran la importancia de que el padre o la madre sean el cuidador primordial del niño al menos los primeros tres años de su vida. Aun cuando la canguro o la guardería que encuentres sean las ideales, lo cual casi nunca es el caso, nada puede sustituir a las manos de los padres.

Los padres tienen que abrazar y mimar a sus bebés, hablar y caminar con ellos cuando empiezan a hacerlo, y darles amor, cariño, experiencias estimulantes y consejo. Y los padres son los únicos que pueden transmitir valores familiares a sus hijos.

Hay circunstancias obvias, como la de no tener cónyuge, que impiden que los padres puedan dedicarse a tiempo completo. Y hay otras familias en las que las presiones económicas o profesionales hacen que esta opción no sea realista. En estas situaciones, los pasos que hay que dar son otros, como organizar los fines de semana en torno a la familia (apartado 7) o trabajar en casa (apartado 66), lo cual contribuirá a proporcionar al niño el necesario contacto con los padres.

Pero muchas familias están cambiando de estilo de vida para que uno de ambos pueda dedicarse por completo a los hijos.

Las madres han adoptado una actitud más realista acerca del tipo de trabajo que pueden realizar, al menos durante los años en que están criando a los niños. Los padres optan por una vida laboral menos agobiante y trabajan en casa o cerca de ésta para evitar los largos recorridos. Algunos padres eligen quedarse en casa con los hijos a tiempo parcial o a tiempo completo.

Muchas familias están cambiando de idea acerca del engaño del llamado éxito que los ha llevado a trabajar a ambos todo el día lejos de casa, y descubren que es posible vivir con un solo sueldo.

Algunas familias deciden no tener una casa más grande ni conducir el último modelo de coche, y encuentran maneras económicas de divertir a los niños y cubrir sus necesidades básicas.

Si uno de ambos decide quedarse en casa con los niños y creéis que podríais vivir con un solo sueldo, ten en cuenta lo siguiente:

1. Haz un presupuesto y ajústate a él año tras año. Hacer números es una tarea pesada y a muchas personas ni se les ocurre, pero el presupuesto es la base. Si no sabes cuánto dinero ganas ni en qué lo gastas, vivir con un solo salario será más difícil.

2. Asegúrate de que no gastas en vivienda más del 25 % de lo que ganas. Eso tal vez signifique una casa pequeña, a veces en un barrio menos costoso, pero si debes elegir entre tener una casa más grande o tiempo para dedicar a tus hijos, la opción está muy clara.

3. Adopta la política de que, si no tienes el dinero en efectivo en la mano, no puedes gastarlo. A excepción de la casa y tal vez el coche, no compres nada a crédito, y es mejor comprar un coche de segunda mano para que las letras no sean desorbitadas.

Si no puedes ponerte al día con las tarjetas de crédito cada mes, cancélalas. Luego organiza un plan para pagar las deudas pendientes en el año en curso.

4. Haz caso omiso de los mensajes de televisión, revistas, periódicos y otros medios que incitan al consumo, sobre todo a los niños.
5. Antes de comprar al detalle, busca lo que necesites en tiendas de segunda mano.
6. Para reducir los enseres que te complican la vida y te endeudan, durante treinta días no compres nada a excepción de comida y las necesidades básicas. Después de haberlo hecho un mes, hazlo el siguiente, y luego todo un año. Hazme caso. Puedes hacerlo. Yo lo he hecho durante años y conozco a mucha gente que está superando sus hábitos consumistas con tácticas similares.
7. Salid una noche de vez en cuando. No os neguéis los pequeños placeres de los que disfrutar como pareja y con vuestros hijos, pero procura que sean sencillos y que se ajusten a tu presupuesto. Y no desprecies actividades que son relajantes, entretenidas y divertidas y que no cuestan dinero.
8. Este año pasa las vacaciones en casa. Y el próximo, y tal vez el siguiente. Aprovecha el tiempo para estar todos juntos sin las presiones del trabajo y sin el estrés de endeudarse por haber ido a Disneylandia. O busca maneras de salir que no sean muy caras, como ir de cámping o hacer visitas de un solo día a centros de interés.
9. No gastes tu próximo aumento de sueldo, ni el siguiente y, si es posible, tampoco el que llegue a continuación. Y tampoco gastes los incentivos o las primas. Ponlos en un fondo para la educación universitaria de tus hijos o en tu cuenta de jubilación.

Cuando hayas reorganizado tu presupuesto y hayas vencido tus hábitos consumistas, te sorprenderá lo fácil que es vivir sin gastar mucho dinero. Y pagar una deuda, no endeudarte más y saber que estás construyendo una sólida base económica te dará una sensación de poder y libertad que muy pocas otras cosas podrían ofrecerte.

Si la idea de cuidar de tu hijo a tiempo completo te parece muy osada, asiste a unas cuantas clases y lee libros sobre el cuidado infantil. Esas actividades te abrirán la mente a nuevos métodos así como a los métodos tradicionales de cuidado de los hijos ratificados a lo largo de los años. Y si tienes amistad con otras parejas que experimenten los mismos desafíos, la vida se te hará más fácil.

Muchos padres que trabajan tienen problemas para comunicarse con sus hijos porque desconocen sus intereses cambiantes y su ritmo de desarrollo; pero, si los cuidas con dedicación plena, enseguida establecerás un vínculo más íntimo con ellos y descubrirás que, cuanto más cuides de tus hijos, mejor lo harás y más fácil te resultará.

Organizarse la vida de forma que uno de ambos pueda quedarse con los niños y que los dos dediquen su energía a ser los mejores padres requiere dedicación, planificación y esfuerzo; pero si te planteas criar a tus hijos como el trabajo más importante que nunca hayas hecho, lograr el objetivo de ese trabajo será mucho más simple.

# 10

## Las Navidades
## y los cumpleaños

# 68

## Simplifica las Navidades

LA EXCITACIÓN Y LA ALEGRÍA que los niños aportan a las Navidades es una de las principales razones para que la gente continúe manteniendo vivas estas tradiciones. Si como muchos otros padres, crees que la comercialización y los excesos de las fiestas te complican la vida, he aquí unas cuantas ideas para celebrarlas de manera distinta.

1. Pon un límite a los regalos. Haz uno o dos regalos especiales a cada uno y tal vez un par de regalos pequeños, sobre todo si los niños tienen abuelos y otros familiares que también les harán los suyos.

   En vez de abrumar a los niños con más cosas de las que enseguida se cansarán, explícales que las fiestas no son para gastar un dinero que no se tiene en cosas que no se necesitan. Son una oportunidad para que la familia, los amigos y los vecinos se reúnan en el espíritu del amor y la unión.

2. Enseña a tus hijos a hacerse regalos o alienta a un hijo mayor a regalar un juguete que ya no use a un hermano más pequeño o a otro niño al que pudiera gustarle. O diles a los chicos que hagan una lista con cosas imaginativas que harían a sus hermanos y a sus padres: una semana de clases de informática a una hermana más pequeña, un lavado gratis de coche a papá, una tarde de canguro para mamá. Anímalos a

que presenten cada regalo en una tarjeta decorada a mano y con un original envoltorio.

3. Anima a tus hijos a hacer regalos o a regalar ropa o juguetes que ya no utilicen a niños que los necesiten. En muchas comunidades hay centros de recogida de juguetes o fondos para familias necesitadas.

4. Reduce las horas de televisión en los meses previos a Navidad para evitar la publicidad. Cuanto menos expuestos estén tus hijos a muñecas que mojan la cama y terribles armas de destrucción, más fácil te será satisfacerlos con regalos llenos de sentido que podrán guardar.

5. Si tienes una gran familia fusionada, en vez de que todo el mundo pierda tiempo, energía y gaste el dinero haciendo regalos a todos los demás, haz un sorteo y que cada persona se responsabilice del regalo de otra. Pon un límite a la cantidad de dinero que se puede gastar.

6. Aconseja regalos que impliquen pasar tiempo juntos o entradas para acontecimientos deportivos o musicales. Así no sólo reducirás la cantidad de objetos que se acumulan en casa y, en definitiva, en el entorno, sino que aumentará el tiempo que pasarás con miembros de la familia que, de otro modo, no verías tan a menudo.

7. Si eres miembro de la familia encargado de preparar la comida o cena de Navidad, este año propónte hacer sólo lo que puedas afrontar de una manera confortable.

No prepares una comida de siete platos. Compra platos preparados en vez de pasarte horas cortando, pelando y cocinando o haz un buffet frío.

No seas tímida y pide ayuda a los invitados para lavar los platos, cocinar o hacer un recado. Ser la anfitriona no significa ser una esclava. Los invitados que aprecien tu hospitalidad te echarán una mano encantados. Si ofrecen su ayuda, acéptala. No caigas en el error de querer hacerlo todo.

8. Busca ayuda externa para antes de una gran fiesta, en su transcurso y después —una adolescente del barrio o un servicio profesional de cátering— para reducir el trabajo y el estrés.

Durante la preparación de las comidas navideñas, contrata a una canguro para los más pequeños. Los mayores pueden ayudarte en la preparación y la limpieza.

9. Si asistir a fiestas os resulta pesado, este año reducidlas a la mitad.

A menos que disfrutes haciéndolo todo, lo cual por lo general no es así, ponte un límite y cíñete a él. «No, gracias, este año hemos simplificado las fiestas y sólo nos reuniremos con la familia.»

Con un poco de planificación previa, es posible pasarlo bien en las Navidades sin tener que agotarse, pagar grandes facturas y enfermar de los nervios.

# 69

## *Simplifica los cumpleaños*

PARA UNOS PADRES que han decidido simplificar la vida, la idea de un cumpleaños con la casa llena de niños, pasteles y latas de refrescos no es demasiado apetitosa. Por suerte, es muy fácil organizar fiestas de cumpleaños para los chicos y disfrutar con el proceso. He aquí unas cuantas sugerencias:

1. Empieza limitando el número de participantes. Una buena idea es invitar a tantos niños como años cumpla el pequeño.

Aunque todas las demás familias lo hagan, no te sientas obligada a invitar a la fiesta a los veinticinco niños de la clase de tu hijo. Son demasiados. No sólo gastarías mucho dinero sino que la fiesta podría convertirse en un caos.

Además, las fiestas con mucha gente tienden a sobreexcitar a los niños. Los más pequeños se abruman al verse rodeados de tanto ruido y tantos cuerpos y a veces tienen un berrinche, se ponen caprichosos o terminan llorando desconsoladamente.

2. Organiza las actividades en casa. Las fiestas más baratas son las que organiza una misma, sin ayuda externa y con alguna otra madre dispuesta a colaborar. Hay actividades muy sencillas con las que hacer disfrutar a los niños, como ver sus películas de vídeo favoritas, salir a nadar y los paseos por el campo y la montaña.

    Otra opción es organizar competiciones deportivas con equipos que jueguen al fútbol, el baloncesto u otros deportes.

    Asegúrate de planificar cada segundo, sobre todo en las fiestas para los más pequeños, y anunciar con antelación cuándo terminará. Dos horas es tiempo suficiente para poder disfrutar de la fiesta. Cuenta con la ayuda de otros adultos de la familia para supervisar a los chicos ya que, de otro modo, si la fiesta se prolonga suele convertirse en un caos. Ante un público receptivo, un chaval normalmente responsable puede volverse un rufián e incitar a los otros a una conducta destructiva que te complicaría la fiesta.

3. En el espíritu de la vida simple, organiza actividades que entretengan a los niños sin necesidad de contratar servicios de preparación de comidas o payasos, o alquilar camas elásticas. Piensa en la posibilidad de comprar entradas para el teatro, un concierto o el circo. En vez de una fiesta, invita a tu hijo y a un par de amigos a algo especial.

4. No te sientas obligada a dar una fiesta para cada cumpleaños del pequeño. Organiza fiestas especiales cuando cumpla tres, cinco y ocho, por ejemplo, y los demás cumpleaños celébralos en la intimidad. De ese modo, si tienes dos o tres hijos, no tendrás que organizar y celebrar dos o tres fiestas al año. Además, las fiestas más especiales y memorables para los niños son las menos exageradas.

5. Busca una alternativa a las fiestas de cumpleaños. Sé de una familia que celebra ritos de pasaje, como cuando un niño aprende a montar en bicicleta o llega al segundo ciclo de sus estudios. De ese modo se celebran logros en vez de celebrar el paso de los años.

# 70

## Simplifica los regalos

Encontrar regalos sencillos pero realmente interesantes para tus hijos o para otros niños suele ser complicado. He aquí algunas ideas:

1. *Algo que añadir a una serie*
Los chicos que coleccionan cosas son fáciles de contentar. Añadir algo a esas series es más seguro que elegir un juguete al azar. Entre las series de juguetes más comunes están los LEGO, los bloques de madera para construcciones, el mobiliario para la casa de muñecas y la ropa para éstas, las películas de vídeo y los libros.

2. *Las aficiones*
Ten en cuenta las aficiones del niño: todos los chicos las tienen. ¿Le gusta la música? Cómprale un CD o entradas para un concierto. ¿Le gusta esquiar? Compra guantes, gafas, etcétera. ¿Le gustan los deportes? Entradas para un acontecimiento deportivo, una foto autografiada de su estrella favorita o una camiseta de su equipo. A casi todos los niños les gusta dibujar y modelar, por lo que el material artístico siempre es bien recibido.

3. *Regala presentes y tarjetas hechos en casa*
Mi amiga Kate siempre tiene tarjetas en blanco para que los niños puedan hacer un dibujo y escribir un mensaje personalizado. Los niños de Kate siempre han hecho sus propias tarjetas para felicitar los cumpleaños y a menudo confeccionan los regalos. Hacer tarjetas con el ordenador también es muy divertido.

Regala una pintura, un suéter o una bufanda tejidos a mano, una caja de disfraces con ropa vieja, sombreros y bisutería o una caja de arte o aficiones llena de proyectos creativos.

Pide a los niños que colaboren en la elaboración de galletas, tartas o mermeladas caseras.

Si bien hacer los regalos a mano requiere más tiempo y esfuerzo que comprarlos, los presentes son más especiales tanto para quien los hace como para quien los recibe. Una de las razones de la simplificación es la de tener tiempo libre para realizar actividades gratificantes. Preparar regalos es algo que podrás hacer junto con tu hijo cuando tengas una cita con él (apartado 100).

4. *Considera estas ideas como alternativa a los juguetes*
Una donación benéfica en nombre del niño.
Dinero, vales por regalos, acciones u obligaciones.
Entradas para cines, teatros y conciertos.
Forfaits para esquiar, entradas al zoológico, a un parque natural o unas minivacaciones a una ciudad cercana para visitar a amigos o familiares.

5. *Haz lo que hace una amiga mía con las monedas*
El 26 de diciembre de cada año, mi amiga Randy empieza a ahorrar todo el dinero suelto. Al llegar a la siguiente Navidad, tiene dos jarras llenas. Da una a cada uno de sus sobrinos, que han estado esperando impacientes todo el año. El día de Navidad pasan muchas horas entretenidos contando las monedas y pensando en qué las van a gastar.

6. *Simplifica las compras*
Si crees que debes comprar regalos, compra con antelación para evitar las prisas de última hora. Si encuentras ofertas de objetos prácticos como material artístico o libros, aprovisiónate para futuros regalos.

# 11

## La escuela

## 71

## *Desempeña un papel activo en la educación de tu hijo*

HAY MUCHAS MANERAS de implicarnos en la vida escolar de nuestros hijos. Esta implicación aumentará de forma espectacular las posibilidades de éxito académico de los niños que, cuando van bien en la escuela, simplifican la vida de toda la familia.

He aquí algunas ideas:

1. Tal vez la manera más fácil y efectiva de estar al día respecto del progreso escolar del niño es mantenerte en contacto con la escuela todo lo que te sea posible. Esto te brindará la oportunidad de colaborar con el profesor en las fiestas que organice la clase, los proyectos de arte, historia y teatro y en cualquier otra actividad en que el profesor necesite ayuda. Si trabajas toda la jornada te será muy difícil hacerlo, pero sigue siendo posible. Muchas empresas dan un tiempo libre para dedicarlo a las cuestiones relacionadas con los hijos.

    Un contacto frecuente con el profesor te brindará la oportunidad de seguir más de cerca el progreso del niño a lo largo de todo el curso escolar. Los problemas se detectan en cuanto surgen y son más fáciles de solucionar.

2. Ofrécete para acompañar a la clase de tu hijo cuando vayan de excursión. Si trabajas a tiempo completo y tu jefe no está dispuesto a concederte tiempo libre para los niños,

piensa en tomarte algunos días de tus vacaciones o de los que tienes para uso personal. De ese modo conocerás a los chicos con los que pasa el tiempo tu hijo y podrás observarlo entre sus compañeros.

3. Manténte al día respecto al rendimiento académico de tu hijo. Hazte una copia de su horario para saber qué asignaturas estudia y quién es el profesor. Visita al director de la escuela y al tutor. Si hay algún problema, comunica tus preocupaciones a la persona pertinente lo antes posible.

4. Manténte al día en relación con los actos futuros. Averigua quiénes serán los profesores de tu hijo el curso próximo. Si te llegan noticias de que un profesor es mediocre, sigue de cerca las relaciones de tu hijo con él y, si surge un problema, acude a la dirección del centro de inmediato y solicita un cambio.

   Cuando los niños son mayores, las escuelas ofrecen interesantes posibilidades, como las excursiones de estudio o los cursos en el extranjero, que deben solicitarse con meses de anticipación. Tanto las pruebas de acceso a ciertos centros como las entrevistas y las solicitudes tienen fechas límite de entrega de tiempo. Procura que no se te pasen por alto.

5. Asiste a las exposiciones y obras de teatro de la clase de tus hijos. Los niños trabajan mucho para aprender nuevas técnicas y habilidades. Necesitan todo el apoyo y el entusiasmo de los padres. Si los animas, eso será para ellos el incentivo que les hará seguir adelante, al tiempo que contribuirá a que sus logros sean constantes en su camino hacia la independencia.

# 72

## *Ayuda a tus hijos con los deberes*

LOS CHICOS APRENDEN algo nuevo y difícil cada día. Tanto si están asimilando un concepto nuevo como estableciendo unos hábitos de estudio adecuados, una u otra vez casi todos los niños necesitan ayuda con sus deberes. Es mucho más fácil estar informado de las tareas escolares de tus hijos desde el principio que tener que ponerte al día al final de un trimestre o a medio curso escolar.

Dispón de un lugar tranquilo donde los niños puedan hacer los deberes sin interrupciones. Un escritorio en sus propias habitaciones o una mesa en la sala son las mejores opciones. También pueden hacerlo en la mesa de la cocina y de ese modo estar cerca de ti por si necesitan hacerte preguntas. Eso también conlleva evitar las distracciones del teléfono, la preparación de la cena o los juegos de los hermanitos más pequeños.

La primera norma acerca de los deberes, la cual debe fijarse desde el principio, es que las tareas domésticas y las escolares son las primeras que tienen que hacerse. Las tareas escolares deben estar terminadas antes de empezar a jugar, ver televisión o dedicarse a cualquier otra actividad.

Proporciona a tus hijos las herramientas básicas necesarias para un buen rendimiento escolar, como una enciclopedia, un buen diccionario y un ordenador. El ordenador ayuda en la presentación del texto, la ortografía, la recogida de datos y los gráficos. Las enciclopedias y los diccionarios prestan un gran servicio para las consultas rápidas. Acostumbra a tus hijos a utilizar el diccionario y otras obras de consulta. Predica con el ejemplo y utiliza una obra de consulta cuando tus hijos te hagan una pregunta y no sepas la respuesta.

Ten marcadores de colores, papel de buena calidad, cartulina blanca y pegamento para los trabajos escolares.

Revisa el trabajo de tu hijo cuando lo haya terminado. Ayúdalo en los ámbitos en los que pueda mejorarse. Asegúrate de saber lo que tu hijo está estudiando en cada momento. Podrás ayudar mejor si conoces el material que aprenderá en cada una de sus asignaturas.

Si empiezas a notar que el rendimiento de tu hijo baja, habla con el maestro. Tal vez el niño necesite más ayuda en clase o más tiempo para hacer los deberes o clases particulares. Averigua qué tipos de ayuda especial puedes encontrar a través de la escuela.

Si tu hijo tiene que hacer un importante proyecto, siéntate a charlar con él y planificad el trabajo. Ayúdalo a reunir las fuentes y el material necesario, esbozad las diversas opciones y estáte a su disposición para ayudarlo mientras lo hace.

En trabajos de menor importancia y en los deberes diarios, revisa la ortografía, la gramática y la puntuación.

No critiques los esfuerzos de tu hijo, y si éste no quiere que lo ayudes en un trabajo, eso es cosa suya. No lo fuerces.

Con esto no quiero decir que tengas que hacer los deberes de tus hijos, pero su aprendizaje se verá muy favorecido si estás cerca para aconsejar, ayudar o simplemente observar. Los niños aprenderán a tener grandes aspiraciones, se enorgullecerán de su trabajo, y sus logros serán la base de su independencia definitiva y también de la tuya.

# 73

## *Estimula la creatividad*

CUANDO NUESTRO ESPÍRITU CREATIVO está activo, afecta a toda nuestra forma de ser. Una mente creativa es la que ve cien soluciones posibles a un problema, mientras que una mente no creativa sólo ve una o ninguna. Un niño creativo tiene menos dificultades en la escuela y está mejor preparado para triunfar en la vida.

La creatividad y la voluntad para resolver problemas, encontrar soluciones innovadoras y trabajar para hacer realidad sus sueños motivaron a grandes pensadores como Leonardo da Vinci, Marie Curie, Thomas Edison, Albert Einstein y también a inventores e innovadores modernos como Bill Gates, Martha Graham, Georgia O´Keeffe y Steven Spielberg.

La mayor parte de las escuelas enseñan asignaturas convencionales y miden el éxito por los resultados de unos exámenes basados en el rendimiento en ámbitos académicos como la lectura y las matemáticas, sin ningún interés en las habilidades en arte, música o artes interpretativas. Los maestros tienen prisa para enseñar todo el material de cada curso y a menudo carecen de tiempo para programas de enriquecimiento centrados en el pensamiento creativo o la resolución de problemas. Por otro lado, los presupuestos escolares también son limitados y no permiten estas actividades.

Todos los niños tienen potencial para ser creativos. Les gusta dibujar, contar historias, jugar a juegos de imaginación y encontrar soluciones a problemas. La enseñanza estandarizada, los maestros cansados y el recorte en los presupuestos que afectan a los programas artísticos impiden que el niño pueda expresar su creatividad. A menudo está en manos de los padres el que los hijos cultiven el espíritu creativo además de tener que ayudarlos en las tareas escolares.

He aquí unas cuantas ideas acerca de cómo hacerlo:

1. Enséñales a ilustrar los deberes. Tanto si es un trabajo de ciencias o un comentario de texto como si es una lección de historia, una imagen vale más que mil palabras. Para aumentar el trabajo, diles que utilicen mapas, fotografías o gráficos.
2. Ayuda a tus hijos a pensar en actitudes innovadoras e interesantes para afrontar asigna-

turas que de otro modo les resultarían muy aburridas. Si tienen que hacer un problema de matemáticas, utiliza estadísticas deportivas para resolverlo. Para comentarios de texto y de noticias, que tus hijos pregunten en la escuela si pueden leer temas que les interesen como la navegación a vela, los dinosaurios o la física cuántica, cualquier cosa que avive su interés.

3. Pregunta al profesor, o anima al niño a preguntárselo, si algunos deberes pueden realizarse mediante representaciones teatrales, pinturas u otros métodos en los que se aprovechen las habilidades del niño. Si tu hijo tiene una orientación visual, le será más útil dibujar un cómic sobre política que escribir una redacción sobre este tema. Por lo general, los profesores están abiertos a las soluciones creativas de unos deberes que para ellos se han convertido en rutinarios.

Al mismo tiempo, mantén viva la creatividad en el hogar:

1. Ten siempre abundante material artístico y busca un rincón donde exponer las obras que hagan los chicos. No escatimes en pinturas, papel, barro, etcétera, ni temas que los niños ensucien. Limítate a pedirles que limpien y recojan cuando terminen.

2. Leed historias todos juntos y comentad la trama, los personajes y el desarrollo de la obra. Hablad del proceso creativo que supuso para el autor escribir esa historia. Pensad en lo diferente que sería esa obra con un final distinto. Inventad otros finales. Haced lo mismo con las películas que veáis juntos.

3. Inventa historias con tus hijos, no sólo cuentos para la hora de dormir sino también para entretenerse en los trayectos largos en coche o mientras esperáis en la consulta del médico.

4. Hablad de personajes importantes, de qué los llevó al éxito, qué obstáculos superaron y cuáles fueron sus logros.

5. Buscad posibles soluciones a los problemas reales. Si te cuesta cumplir con tu agenda, si tu cónyuge afronta alguna dificultad en el trabajo o si surge algún inconveniente doméstico, pide a tus hijos que contribuyan con sus ideas para encontrar una solución. Tómate en serio sus colaboraciones y pídeles que ayuden a poner esas ideas en práctica. De ese modo, toda la familia tendrá la oportunidad de ver qué funciona y qué puede hacerse para mejorar las cosas.

## 74

### *No permitas que el fracaso sea una opción*

LAS CONSECUENCIAS LÓGICAS pueden utilizarse en muchos ámbitos de la vida de un niño, pero permitir que éste fracase en la escuela para demostrarle las consecuencias lógicas de las malas notas no da buenos resultados. Como se trata de un hecho público y humillante, el fracaso escolar daña la autoestima del niño. Las notas bajas rara vez enseñan a los niños a seguir adelante; por lo general presagian más fracaso, y esto puede convertirse en un círculo vicioso dificilísimo de romper.

Cuando un niño fracasa en la escuela empieza a creer que es un estúpido, un inútil y que no es bueno. Comienza a crearse fama de tener malas notas y baja el listón de las propias expectativas debido a sus anteriores fracasos. Pierde el tiempo con «perdedores» porque no se siente mal en su compañía. En el peor de los casos, abandona la escuela porque está harto de sentirse mal consigo mismo y recurre a las drogas para sentirse mejor.

Tal vez pienses que es responsabilidad del profesor notar cuándo un niño no va bien y tomar entonces las medidas necesarias para volver a meterlo en cintura pero, por desgracia, no es así. Casi todos los profesores de la escuela pública tienen muchos alumnos por clase y, en la escuela media y superior, los profesores dan unas seis clases al día. Eso significa un montón de alumnos diarios.

Si tu hijo empieza a perder interés en la escuela, presenta los deberes tarde, tiene problemas con los exámenes y sus notas bajan de excelente a insuficiente en una asignatura, o empieza a dar muestras de otra señal de fracaso inminente, son pocos los profesores que lo notan y muchos menos los que lo evitan. Como padres, vosotros sois los responsables de que el niño dé todo lo que pueda dar de sí mismo.

Organiza las horas de sus deberes de una manera regular y habla con él acerca de su progreso y de lo que aprende en la escuela. En el momento en que sospeches que tu hijo se queda atrás, investiga. Averigua si lleva retraso en las tareas escolares, si ha faltado a un examen o habla demasiado en clase. Llama por teléfono a los profesores y, si es necesario, reúnete con ellos.

Quizá tu hijo tenga alguna incapacidad de aprendizaje y haya de someterse a pruebas. Tal vez necesite gafas o tenga un problema auditivo. Tal vez tenga problemas de relación con los compañeros, e incluso es posible que caiga mal al profesor. Pregunta a tu hijo. Descubrirás en qué momento dejó de interesarle esa asignatura concreta, por qué se retrasó tanto en la entrega de un trabajo o por qué no asistió a clase el día en que se explicaba un importante concepto. Como respuesta a esas preguntas, hay decenas de posibilidades.

Tus hijos son todavía demasiado jóvenes e inexpertos para manejar ellos solos ese tipo de situaciones. Les es muy fácil llegar a la conclusión de que son tontos, que no sirven para las matemáticas, que no son creativos o que nunca aprenderán un idioma extranjero. Está en manos de los padres supervisar la vida académica de los hijos y encaminarla hacia el éxito.

# 75

## *Sé el mejor defensor de tus hijos*

EN EL PRIMER CICLO de enseñanza, Peter era un genio de las matemáticas. En el segundo ciclo aún se superó a sí mismo y esperaba con ganas el instituto, en el que podría acceder a unas clases especiales de la materia. Sin embargo, unas semanas antes, Vera supo que, debido a un error administrativo, el instituto había recibido tarde la solicitud y Peter tendría que asistir a las clases regulares.

Durante ese período las notas de Peter en matemáticas empezaron a bajar. De excelente pasaron a suficiente. Conscientes de que los niños brillantes no tienen un buen rendimiento si no están estimulados, Vera y Tim llegaron a la conclusión de que estaba en una clase que no era la adecuada para él y solicitaron que lo cambiaran a un nivel más alto. El tutor no colaboró, delegó la decisión en el profesor. El subdirector tampoco cooperó, alegando que el asunto no era responsabilidad suya. Todos les decían que hablasen con su superior inmediato, que era el que tomaba las decisiones.

Con todo ello, llegó diciembre. El entusiasmo que Peter siempre había mostrado por las matemáticas se apagaba día a día. Sus notas empeoraron y empezó a cuestionarse si servía para esa materia. Ése era el chico cuya asignatura favorita siempre habían sido las matemáticas, cuyos profesores habían alabado sus dones naturales y lo habían recomendado para clases especiales. Finalmente, Vera y Tim fueron a ver al director para que lo cambiaran de clase. A continuación, Tim y Vera pasaron unas semanas insistiendo por teléfono y por correo mientras la administración llegaba a un acuerdo.

Finalmente, y Vera cree que fue porque la administración se rindió ante sus persistentes esfuerzos, Peter obtuvo permiso para cambiar de clase después de Navidad. En su primera evaluación sacó un excelente y desde entonces la nota no bajó.

Tú conoces a tus hijos mejor que nadie. En tus manos está la decisión de presionar por lo que creas que merecen. Haz caso de tus intuiciones y manifiesta tus opiniones. Si tus hijos han sido víctimas de errores administrativos, tienen que aguantar a un profesor desconsiderado o incompetente, son acusados injustamente de algo que no han hecho, se responsabilizan del error de un amigo o simplemente se sienten perdidos en la escuela porque no atraen la atención hacia ellos mismos, deberás adoptar una actitud firme y corregir la situación. Tú eres la única que puede hacerlo por ellos. Enséñales que los problemas pueden resolverse, que la persistencia tiene sus recompensas y que lucharás por ellos hasta obtener resultados.

Una advertencia: antes de emprender una acción, estudia bien la situación y las evidencias en que tendrás que basarte. No basta con desear que el niño asista a una clase de niños dotados; hay que tener además las notas de los exámenes, las recomendaciones del profesor y otras pruebas sólidas que apoyen tu posición. Y esto sirve para cualquier cuestión que desees afrontar.

# 12

# El tiempo libre

# 76

## *Organiza un calendario familiar*

Es DIFÍCIL LLEVAR UNA VIDA SENCILLA cuando intentas cumplir con decenas de compromisos y acudir a innumerables citas, sobre todo cuando los niños realizan actividades fuera de casa, como deportes, juegos, fiestas de cumpleaños, citas para jugar con los amigos y lecciones de todo tipo. Y una verdad universal acerca de todas esas actividades es que, si no las anotamos, las olvidamos.

Por lo tanto, pon un gran calendario mensual en un sitio céntrico de la casa y accesible a toda la familia. El lugar ideal es junto al teléfono, ya que la mayor parte de las citas se conciertan o se cancelan por teléfono.

Al principio de cada mes, tómate unos minutos con los niños para anotar las actividades del mes: clases de música, entrenamientos de hockey y otras cosas con las que se hayan comprometido pero hayan olvidado decírtelo. Si tienen actividades programadas para varios meses, ponlas en el calendario. Si llevas una agenda de trabajo, procura coordinar las actividades del calendario familiar con las tuyas personales siempre que sea necesario.

Luego, cuando lleguen los folletos informativos de la escuela, las invitaciones a fiestas de cumpleaños, se concierten las visitas al dentista, se programen los partidos de fútbol, apunta todas las actividades en el calendario y tira las notificaciones. Con esto no sólo evitarás conflictos en la planificación del tiempo sino que, si apuntas el día, la hora, el nombre y el número de teléfono de cada actividad, no tendrás que guardar las tarjetas ni buscar entre papeles y sobres rotos cuando quieras cancelar alguna de ellas.

Mi amiga Emma, que tiene cinco hijos, utiliza un bolígrafo de color distinto para cada uno de ellos. Esto no es tan imposible como parece. Guarda los bolígrafos o un lápiz con la punta afilada en un cajón cercano, o en un jarrón de cerámica sobre la estantería, y convierte en norma de la casa que nadie puede coger un bolígrafo si no es para apuntar una cita en el calendario. ¡No devolverlo al cajón es un delito grave que puede ser castigado con una semana de trabajo duro!

O considera la posibilidad de utilizar un cuaderno de los que llevan el lápiz incorporado sujeto con una cuerda y así siempre tendrás algo con que escribir. O haz lo que mi madre hizo durante años: pon un gancho junto al teléfono y ata un lápiz a él.

No utilices el calendario sólo para saber qué hacen en todo momento los miembros de la familia, sino también para asegurarte de que no se están excediendo en sus actividades. Un calendario lleno de marcas con citas y actividades es señal segura de que están haciendo demasiadas cosas.

Al tiempo que apuntas las actividades regulares de los chicos, prográmales unas horas de tranquilidad semanales a cada uno. Es importante escribirlo en el calendario de forma que tanto tú como tus hijos podáis contar con ello y para que otras actividades no se impongan a esos momentos de tranquilidad. Enseña a tus hijos que el tiempo de tranquilidad es tan importante como cualquier otra actividad que realicen (apartado 81).

El primero de mes es un buen día para mirar de manera realista todo lo que tenéis programado y pensar en ello seriamente. ¿Es posible llevar a tu hijo al dentista para que le pongan los aparatos de ortodoncia la misma tarde en que tu hija tiene que recibir a las amigas de su grupo de exploradoras?

No conciertes citas por la mañana temprano, para que no se vea alterada tu rutina matinal ni tengas que correr a esa cita.

Si es posible, programa las actividades de forma que sólo tengas que utilizar el coche una o dos veces por semana y procura realizar todas las gestiones durante esos días.

Enseña a tus hijos a consultar el calendario antes de comprometerse a algún acto al que no los podrás llevar o para que no se les junten dos compromisos el mismo día. Y en cuanto sepan escribir, anímalos a que escriban sus citas en el calendario.

Acostúmbrate a mirar el calendario familiar en cuanto te levantes por la mañana para saber cuáles serán las obligaciones de ese día. Si te saltas este paso, las anotaciones que hayas hecho no te servirán de nada. Además, mira el calendario al final de la jornada para tener la oportunidad de organizar lo que sea necesario para el día siguiente.

## 77

### *No os excedáis con las actividades*

HE HABLADO CON MUCHOS PADRES cuyas vidas son increíblemente complicadas porque sus hijos realizan demasiadas actividades. Los padres saben que los niños están haciendo demasiadas cosas, pero se sienten presionados socialmente porque todos los demás hacen lo mismo, y creen tener la obligación de que sus hijos hagan todo lo posible.

Simplifica la vida para ti y para tus hijos. Éstos no tienen por qué aprenderlo todo ahora mismo, tienen toda la vida por delante para explorar sus intereses. La actividad frenética rara vez beneficia a alguien, y corren el riesgo de consumir el contenido de algo muy deprisa y perder el interés en las actividades que querías que realizaran.

Piensa en las habilidades que quieres que tengan los niños y averigua de qué actividades disfrutan realmente. Es probable que tus hijos ya tengan ciertos intereses, y lo mejor es que desarrollen esas inclinaciones. Los chicos aprenden mucho mejor cuando algo los apasiona y no como resultado de la presión de los padres.

Limita las actividades de los chicos a una o dos a la semana. De ese modo podrán disfrutar deportes de temporada y otras actividades y todavía les quedará tiempo para jugar al escondite con los niños del vecindario. No dejes que tus hijos se salten los momentos dedicados a la contemplación, a la lectura, a la reflexión y al simple descanso.

Cuando tus hijos crezcan, eliminarán las actividades que no les interesen y seguirán con las que les produzcan entusiasmo. Limitar las actividades es una buena manera de enseñarles que no tienen por qué hacerlo todo.

# 78

## *Alienta la práctica deportiva*

LOS DEPORTES PROPORCIONAN alimento para al cuerpo y también para el alma. Los chicos que practican deportes tienden a ser más conscientes de los temas de salud y son mucho menos propensos a tener problemas con el alcohol, las drogas y la conducta delictiva.

Los deportes también alivian el estrés y desvían la atención del hogar, la escuela y los problemas sociales. Es imposible estar obsesionado con cuestiones personales mientras se intenta colar la pelota en un aro o se hace un doble salto mortal en una tabla de gimnasia.

Los deportes enseñan a los niños técnicas valiosas como la disciplina, el trabajo duro, el juego en equipo, y también a ser justos ganadores y buenos perdedores. De las experiencias deportivas compartidas surgen amistades íntimas porque en ellas se aprenden lecciones que rara vez se dan en otras situaciones.

Siempre y cuando tus hijos no se dejen llevar por un número excesivo de actividades, la práctica de deportes añadirá calidad a la vida de toda la familia.

A algunos niños les gustan los deportes competitivos, otros los evitan. Si ves que la competición los defrauda, considera deportes como el excursionismo o la navegación, en los que no hay puntuación ni meta. Expón a tus hijos diversas opciones. Llévalos a los partidos locales o ved juntos acontecimientos deportivos en televisión para que decidan qué les gusta. Intenta encontrar un deporte para cada temporada del año, de forma que no pasen horas muertas ante el televisor, el ordenador o en los juegos de vídeo de las galerías comerciales.

No te desanimes si tu hijo no responde favorablemente a las primeras oportunidades deportivas que surjan en su camino. Sigue intentándolo, las posibilidades son infinitas.

Si asistes a los acontecimientos deportivos en los que participe tu hijo, actúa con sencillez, por el bien de todos. No te dejes llevar por el entusiasmo: controla las demostraciones agresivas, excesivamente competitivas y los exagerados gritos de apoyo. No hagas comentarios despectivos del equipo contrario. Y nunca obstaculices la labor del árbitro o el entrenador. Recuerda que tus hijos hacen deporte por lo divertido que es. Y una buena conducta deportiva es una virtud, por mucho que otros digan lo contrario.

## 79

### *Reduce horas al volante*

ANTE LA SOLA MENCIÓN de las actividades extraescolares a muchos padres se les ponen los pelos de punta. Uno u otro, o a veces los dos, tienen que pasarse al volante las horas entre el final de la escuela y la cena yendo y viniendo a clases de danza, entrenamientos de natación, partidos de fútbol y otras actividades.

Si limitas las actividades de tus hijos a una o dos por semana y por niño, reducirás las horas que pasas al volante. Siempre que sea posible y para facilitar las cosas, procura que tus hijos realicen esas actividades inmediatamente después de la escuela.

Cuando apuntes a tu hijo a una actividad, mira si hay algún niño en la clase que viva en tu misma zona y con cuyos padres puedas organizar turnos para los trayectos en coche. Cuantos más padres se comprometan a esta labor, menos tendrá que conducir cada uno.

Averigua también los horarios de trenes, autobuses y metros para ver si hay algún transporte público gracias al cual puedas reducir tus horas al volante. Y comprueba si hay tarifas especiales para estudiantes.

Si no vas a estar en casa cuando los chicos regresen de la escuela, que vayan a casa de unos amigos o vecinos. De esa forma no tendrás que preocuparte por ellos ni terminar deprisa y corriendo lo que estés haciendo para volver a casa.

Si es necesario pide a algún amigo o a algún adolescente del barrio que te ayude en el transporte. Si tienes hijos adolescentes, incluye entre sus tareas que se ocupen del transporte de sus hermanos pequeños. Si sus horarios coinciden, que tu cónyuge recoja a alguno de los niños camino de casa.

Si eres tú quien conduce, haz alguna gestión mientras esperas a que tu hijo termine, pero sólo si puedes hacerlo sin tener que correr y preocuparte por regresar a tiempo. Y lo que es mejor aún, quédate tranquilamente en el coche, respira hondo y no hagas nada durante esos preciosos momentos. Te lo has merecido.

Antes de volver a casa, utiliza el teléfono móvil para asegurarte de que los otros chicos ya han llegado o tienen manera de hacerlo. Así podrás regresar sabiendo que ya no tienes que recoger a nadie más.

Si todavía te abruman tus responsabilidades de chófer, ha llegado el momento de volver al calendario familiar y reducir el número de actividades que realicen tus hijos.

# 80

## *Enseña a tus hijos el voluntariado*

CUANDO PIENSES EN EL TIPO de actividades que te gustaría que realizaran tus hijos, ten presentes los proyectos voluntarios. Los niños, por naturaleza, tienen una vida muy centrada en sí mismos. De lo que se trata es de expandir su mundo más allá de sus necesidades porque, de otro modo, los niños exigentes y egoístas se convierten en adultos exigentes y egoístas.

Empieza por enseñar a tus hijos a cuidar del pequeño de los vecinos, a sacar a pasear al perro de la abuela, a llevar una comida caliente a un vecino enfermo o a ofrecerse a retirar la nieve de la puerta a un amigo anciano. Tus hijos experimentarán satisfacción y se sentirán importantes a medida que aprendan a colaborar con la familia y el vecindario.

Todavía pueden llegar más lejos y regalar juguetes que ya no utilicen, preparar paquetes para centros benéficos, lavar coches a fin de recoger fondos para el equipo de baloncesto del barrio.

Cuando sean mayores pueden ser voluntarios en las cocinas de acogida a indigentes o en un museo, ayudar en la enseñanza de niños más pequeños o acompañar a los ancianos al supermercado. Las órdenes religiosas y otras organizaciones ofrecen la posibilidad de apuntarse voluntario, tanto en el propio país como en el extranjero. Entre estas organizaciones se cuenta la Cruz Roja. Otras alternativas son los grupos ecologistas que realizan actividades en beneficio del planeta. Ayuda a tus hijos a encontrar un trabajo voluntario que les guste y que esté relacionado con sus intereses.

Cuando tus chicos aprendan a ver más allá de sus necesidades, tu trabajo se simplificará y estarás criando a la vez ciudadanos responsables que seguirán contribuyendo no sólo a la familia sino a toda la comunidad.

# 81

## *Alienta los momentos de tranquilidad*

TODOS, TANTO LOS JÓVENES COMO LOS ADULTOS, necesitamos tiempo para ponernos en contacto con nuestros sentimientos: recobrar el aliento, revisar el pasado, reflexionar en el presente y hacer planes para el futuro.

Enseña a tus hijos a valorar la soledad, a obtener un sencillo placer con un paseo por la playa, una excursión a la montaña o un buen libro. A medida que limites el uso de la televisión, los videojuegos y el teléfono, dejarán de necesitar el estímulo de los medios electrónicos y aprenderán a confiar en sus recursos interiores.

Enséñales las maravillas de la naturaleza, muéstrales la especial belleza de una tormenta o de cualquier otro fenómeno meteorológico. Nunca dejes pasar la oportunidad de que chapoteen en la lluvia, cojan granizo, jueguen en la nieve, hagan volteretas en la hierba o se tumben a la sombra de un árbol.

Enséñales atardeceres hermosos, las primeras flores de la primavera, el tendedero lleno de ropa de múltiples colores, los caballos pastando en una pradera, o la simple belleza de un cielo limpio y sereno al mediodía.

Y dales la oportunidad de que te muestren lo que ven. Verás cosas que nunca habías visto: un palito en forma de nave espacial, un gusano que se retuerce bajo una piedra, una formación de nubes que se parece a Mickey Mouse.

Alienta a tus hijos a dibujar, pintar, dedicarse a la música o a la fotografía, o simplemente a sentarse en silencio y tener sus propias ensoñaciones hasta que se sientan a gusto con el silencio y con sus pensamientos.

¿Qué mejor regalo que dar a tus hijos una vida interior, una gran confianza en sí mismos y el amor por el mundo que los rodea?

# 13

# Las salidas y los viajes

## 82

### *Prepara el coche para los viajes*

A VECES, UN TRAYECTO CORTO al pueblo a comprar leche es un desafío para los niños que están cansados o tienen hambre. Convierte el coche en un lugar cómodo para el usuario de modo que los chicos puedan sobrevivir a cualquier viaje, sobre todo los que se hacen más largos de lo que se preveía.

Hazte con un par de cajas o cualquier otro recipiente con un buen cierre.

En una, la de las provisiones, ten:

Tentempiés saludables, como palomitas o frutos secos.
Agua potable.
Chicles para el mareo. Hay niños propensos a marearse.
Sobres de toallitas refrescantes para las manos y la cara.
Servilletas y pañuelos de celulosa.

En la otra caja, la de las distracciones, pon:

Un par de libros de los niños.
Algunos de sus juguetes preferidos.
Rotuladores y un bloc de dibujo.

Enseña a tus hijos a guardar estas cosas en la caja de las distracciones cuando hayan terminado con ellas o al final de cada viaje.

También es práctico tener un tercer recipiente que contenga objetos para contratiempos y emergencias, como los siguientes:

Una caja de tiritas.

Un rollo de papel de cocina para limpiar suciedades inevitables.

Aerosoles para los cristales y para quitar manchas de la tapicería.

Un recipiente para vomitar. Nunca se sabe cuándo pueden necesitarlo.

Una linterna con luz estroboscópica para las averías.

Ten a mano estas cajas. Inspecciónalas de vez en cuando para asegurarte de que no se ha estropeado nada y de que las pilas están cargadas.

Ten también una bolsa para la basura y enseña a tus hijos a utilizarla. Puedes guardar más bolsas en el recipiente de los objetos de limpieza.

Lleva un mapa de la zona en la guantera, así como una agenda con los números de teléfono de los amigos de tus hijos, de la escuela o de otras personas que puedan estar esperándoos para poder avisarles si vais a llegar tarde.

Los trayectos en coche te parecerán mucho más sencillos y agradables si llevas comida y agua para tus hijos y éstos tienen manera de entretenerse.

# 83

## ¿Quién se sentará delante?

AL IR EN COCHE, es inevitable que surjan peleas entre los hermanos para decidir quién se sentará dónde. El asiento delantero es el más codiciado. Ganarse ese lugar es símbolo de poder y supremacía sobre los que han perdido y se ven obligados a viajar detrás. Si tienes más de un hijo, tendrás que afrontar este tipo de competiciones. Tanto si vais a recorrer kilómetros por el campo como si sólo vais a la tienda de comestibles, la lucha puede ser encarnizada.

Si el asiento delantero lleva airbag, no permitas que un niño pequeño se siente ahí. Niños y adultos de poco peso (menos de 55 kilos) han sufrido graves heridas o han muerto debido a esos airbags.

Si no lleva airbag, una sencilla solución es asignar a cada niño su sitio en la parte trasera del coche y luego dejar que sean los chicos los que decidan quién se sienta delante, durante cuánto tiempo y quién lo hace primero. Si no se ponen de acuerdo y empiezan a discutir, que se sienten en los lugares que tienen asignados hasta que puedan negociar en paz cómo organizan los turnos.

Te sorprenderá lo deprisa que los niños dejan de pelear por el asiento delantero y con qué facilidad descubren lo que es justo. De vez en cuando, tal vez te encuentres aún con que alguno quiere pasarse de listo con algún turno; pero cuando sus hermanos se lo hacen notar, por lo general renuncia sin pelearse porque sabe que, si hay peleas, nadie se sienta delante.

Lo mejor es que no arbitres nunca estas batallas o que lo hagas en contadas ocasiones. Cuando los chicos no llegan a un acuerdo por sí mismos, es muy sencillo: todos exiliados al asiento de atrás.

## 84

## *Deja claras tus expectativas*

A MENUDO, CUANDO SALIMOS, los hijos nos decepcionan o hasta nos avergüenzan con su conducta. Lo único que queremos es su cooperación; ¿es pedir demasiado? Bueno, a veces sí lo es, sobre todo cuando no les hemos dejado claro qué esperamos de ellos.

Así, antes de marcharte, o en camino hacia tu destino, hazles saber a los chicos cómo quieres exactamente que se comporten. Si vais a casa de unos amigos, recuérdales los buenos modales (mirar a los ojos al saludar, decir «por favor» y «gracias» cuando sea oportuno). Declara también qué conductas no tolerarás, como las peleas o las rabietas.

Si puedes evitarlo, no saques a los niños cuando sepas que están cansados o tienen hambre, o cuando no se sienten bien y es probable que hagan una escena. La mayor parte de las salidas no son emergencias, por lo que espera a que el estado de ánimo de cada uno sea el mejor.

Si alguna vez tienes que salir de esa manera, no te entretengas y regresa a casa lo antes posible. O recurre a los servicios de reparto a domicilio, canguros, hijos adolescentes que conducen o tu cónyuge si no está ocupado.

Cuando os embarquéis en una excursión, explícales a los niños lo que tienen por delante: adónde vais, lo que veréis, lo que haréis y el tiempo que tardaréis en regresar.

Cumple tu palabra. No es justo esperar que tus chicos, sobre todo los mayores, que quizá tengan sus propios planes, acepten tranquilamente un cambio de planes repentino (como que decidas quedarte más tiempo en una reunión porque la conversación es fascinante). A veces los niños se avendrán al cambio, a veces no. Si quieres contar con su cooperación, tendrás que respetar sus necesidades y deseos.

No pongas a prueba tu suerte. Si estás en un acogedor restaurante, saboreando una espléndida cena con tu pareja y los chicos y uno de ellos empieza a hacer una escena, mejor saltarse el postre y el café. Con los niños más mayores se puede razonar, pero cuando uno pequeño llega al borde de sus límites (en un restaurante, en una tienda, en el cine), poco podrás hacer para cambiar la situación. Lo mejor es marcharse cuanto antes y no tener que vérselas con un niño irritable, llorón o turbulento.

Alaba a tus hijos desde muy pequeños cada vez que se porten bien en una salida. Diles el orgullo que sientes y lo mucho que te has divertido con ellos. Eso supondrá un importante incentivo para portarse bien en la próxima salida.

## 85

### *Hacer la compra con los chicos*

LA CLAVE PARA HACER LAS COMPRAS está en la organización. Planea tus comidas con antelación para ir al supermercado sólo una vez a la semana y quizá dos salidas cortas cuando se te terminen los huevos y la leche fresca.

Haz una lista de los artículos que compres regularmente y copias para utilizarla como lista de compras semanal. Antes de salir a comprar, echa un vistazo a la lista y a lo que tienes en la despensa.

En la tienda, los niños pueden ser una ayuda o una molestia. Enséñales a ser útiles desde pequeños. Nombra el siguiente artículo de la lista y que jueguen a ver quién lo encuentra primero. Cuando ya sepan leer, puedes encargarles del lápiz y la lista. Cuando se encuentre un producto de ésta, tendrán que tacharlo.

Los niños pueden ayudar a cargar y descargar el carro de la compra. Otra opción es que lleven un carrito propio para sus almuerzos escolares y sus meriendas.

Conozco a una madre que hace cortar cupones a sus hijos e ir a la caza de los artículos que los llevan cuando van a la compra.

Asegúrate de que tu hijo haya comido algo antes de entrar en la tienda. Si le entra hambre mientras estáis comprando, empieza la barra de pan y dale un trozo, en vez de darle dulces u otros tentempiés que le quitarían las ganas de cenar. Mi madre decía que si no teníamos bastante hambre para comer un trozo de pan es que no teníamos nada de hambre.

No cedas ante una rabieta. Si tu hijo hace una escena en el supermercado, intenta tranquilizarlo y después explícale las consecuencias lógicas con que se encontrará si no se comporta. Pero si ves que ha perdido el control, deja el carro donde esté y márchate a casa, dejando claro que la próxima vez no podréis ir juntos a la compra.

Tener que marcharse de la tienda con la compra a medias es un inconveniente; pero si mantienes tu palabra y no lo llevas al supermercado la siguiente vez, le supondrá una lección que no olvidará. A partir de entonces, las salidas a la compra se simplificarán.

Como es natural, la mejor manera de hacer la compra es tener una lista e ir sin los chicos. Con eso ahorrarás mucho tiempo y energía y no tendrás que vértelas con gorros, guantes, botas y las discusiones por el asiento delantero del coche.

En los últimos años, los supermercados han expandido sus actividades y en ellos se pueden encontrar tintorerías y revelado de fotos. Aprovecha estos servicios, pues de ese modo evitarás tener que detenerte en otras tiendas con el consiguiente desgaste para ti y para tus hijos.

## 86

### *Convierte las salidas en experiencias placenteras*

RESULTA SORPRENDENTE lo agradable que es una buena comida en un restaurante sin los niños y la pesadilla en que puede convertirse con ellos. Discusiones acerca de dónde se sienta cada uno, tortazos entre hermanos, bebidas derramadas, gritos y comida desperdiciada. Todo ello hace que comer fuera sea algo que deba evitarse en vez de disfrutar de ello.

Recuerda que comer fuera de casa es una habilidad, como cualquier otra, y que tus chicos deben aprenderla. Es imposible esperar que un niño se porte bien en su primera visita a un restaurante del mismo modo que tampoco se puede esperar que juegue bien al tenis cuando ni siquiera conoce las reglas del juego.

He aquí unos consejos para cuando vayas a comer fuera con los chicos:

Simplifica la cuestión yendo a un restaurante pensado para los niños, como los que tienen manteles de papel y unos lápices para que dibujen.

Si vas a un restaurante nuevo, asegúrate de que los niños sepan qué van a comer y el rato que tendrán que esperar. No hay nada tan frustrante como intentar convencer a un niño de que le gustará la tarta de espinacas si él ya sabe qué es y le gusta la hamburguesa con patatas fritas.

Házles saber que no tolerarás la mala conducta. Explica las consecuencias lógicas que seguirán. Por ejemplo, al primer indicio de problemas, tendrán que salir del restaurante; nadie comerá postre; el niño que dé problemas esperará en el coche a que los demás terminen, suponiendo que sea lo bastante mayor para quedarse solo en el vehículo, o no irá al restaurante la siguiente vez. Éstas son las consecuencias lógicas.

Si tienes hijos que no se llevan bien, no los sientes juntos. Que haya otro hermano o un adulto en medio para mantener la paz.

Llevar lápices y papel, libros y pequeños juguetes facilitará la espera de la comida. (Esto sirve para todas las salidas que hagas con tus hijos, tanto si vas al dentista como si esperas que te cambien el aceite del coche.)

Dentro de lo posible, comed a la misma hora que en casa. No puedes esperar que un niño que está acostumbrado a cenar a las siete pueda aguantar hasta las nueve.

Pide enseguida pan o ensalada para que los niños no se impacienten mientras esperan.

Si tu hijo es quisquilloso con la comida, asegúrate de pedir algo que os guste a ambos. Si no quiere los canelones que ha pedido, podéis intentar cambiar los platos. O pedir un entrante o una media ración para ti si no sabes seguro si tu hijo se terminará su plato.

Como siempre, mantén tu derecho de veto en las elecciones de tus hijos y preséntales opciones; pueden pedir pollo o pescado pero no las chuletas de cerdo cuando sabes que las chuletas no les gustarán.

No pidas nada que tarde mucho en cocinarse.

Cuando tus niños crezcan y tengas más confianza en su buena conducta, déjales ocupar una mesa ellos solos. Para los chicos será muy divertido, y para vosotros, como si hubierais salido a cenar en pareja.

Y no olvides alabarlos siempre que se porten bien.

# 87

## *Enseña a tus hijos a hacer su equipaje*

VERA TEMÍA SALIR a pasar la noche fuera de casa con los niños porque eso significaba preparar el equipaje de los pequeños además del propio, para que después le echaran la culpa por haber olvidado una camiseta favorita o un osito de peluche.

Desesperada, decidió enseñar a los chicos a hacer sus equipajes. Andrew lleva haciéndolo desde que tenía cuatro años. He aquí cómo lo hacen:

Cada niño tiene su bolsa de viaje, por lo que ellos mismos se hacen responsables de sus cosas.

Los chicos ponen sobre la cama todo lo que creen que necesitarán para la excursión. Vera controla que lleven suficientes calcetines y ropa interior y que no hayan olvidado nada importante. También les da consejos para que no lleven demasiadas cosas. Luego, cada uno prepara su bolsa.

Aparte de los productos de higiene que haya cogido cada uno, como champú, pasta y cepillo de dientes, Vera prepara un botiquín general. En él pone un termómetro, tiritas adhesivas, chicles contra el mareo, un analgésico oral para el dolor de oído, un cepillo de dientes adicional, jabón y crema para el sol. Ésta es una bolsa que Vera siempre tiene a punto y preparada para salir de viaje.

En viajes largos en coche, los niños llevan cojines además de los tentempiés y las bebidas que necesiten durante el recorrido. Ellos mismos se preparan la comida.

Te aconsejo que compruebes siempre si la manta o el osito preferido están ya en el equipaje, pero limita el número de juguetes porque, durante un viaje, es difícil seguirles la pista, se pierden con frecuencia y el tiempo que los chicos juegan con ellos rara vez justifica el espacio que ocupan. Procura que tus hijos se responsabilicen de sus juguetes. Si se pierde uno, será una valiosa lección y la próxima vez tendrán más cuidado.

# 88

## *Convierte los viajes en una actividad divertida*

SI BIEN VIAJAR con niños puede añadir complejidad al hecho de estar en la carretera, también ofrece oportunidades incomparables de compartir unas experiencias que enriquecerán nuestras vidas para siempre. Mi amiga Jeanne cree que es mucho más divertido viajar con sus cuatro hijos que sin ellos. Con su marido, ven mundo con el mismo asombro, placer y sensación de descubrimiento que sus chicos.

Tanto mi marido, Gibbs, como Tim, el marido de Vera, se dedican a escribir sobre viajes. Por eso, hemos recorrido miles de kilómetros por el mundo con nuestros hijos. No siempre es fácil, pero hemos aprendido algunas cosas que pueden simplificar los viajes con los hijos.

Como una parte de la diversión de los viajes consiste en su planificación, asegúrate de que tus chicos participan en ella, teniendo en mente el presupuesto y los límites de tiempo. Y al incluir a los chicos en la planificación, reducirás en gran manera la posibilidad de que el niño se aburra, que esté en sitios donde no quiera estar y que amargue el viaje a todo el mundo.

No empieces preguntando a los chicos qué les gustaría hacer en las próximas vacaciones a menos que estés dispuesta a terminar en un safari por África. Preséntales opciones. Pregunta si prefieren la playa o la montaña, esquiar o nadar, un parque de atracciones o un parque natural. Entonces, dentro de tus posibilidades, planifica unas vacaciones al gusto de todos.

Evita itinerarios demasiado ambiciosos. Intentar visitar siete ciudades en cinco días no es fácil ni divertido para nadie.

Cuando planifiques un viaje, ten en cuenta el clima y las condiciones del lugar al que os dirijáis para no llegar en plena estación de lluvias, cuando los mosquitos tienen el tamaño de una pelota de ping-pong y atacan con todas sus fuerzas.

Los niños mayores suelen entretenerse bien durante los viajes largos, pero a los pequeños tendrás que divertirlos y distraerlos. Si visitáis una parte del país o del mundo donde no hayáis estado nunca, ten a mano un mapa para hablar sobre los recorridos. Comentad lo que haréis, las actividades a las que os dedicaréis y las posibles experiencias que viviréis.

Llevad bocadillos, libros, papel y rotuladores para dibujar y juegos para viaje, como las damas imantadas, el parchís, etcétera. Cantad canciones, escuchad música, leed en voz alta o explicad cuentos. Y recuerda resaltar la belleza de algún paisaje concreto, por aburrido que parezca.

Si viajáis en avión, haced las reservas con tiempo; de otro modo tal vez tengáis problemas para poder sentaros todos juntos.

He probado todo tipo de soluciones y he descubierto un par de cosas para reducir al máximo el desfase horario de toda la familia. Primera: dentro de lo posible, no llegues al punto de destino al anochecer o más tarde, porque los niños estarán cansados y se pondrán caprichosos.

Segundo, aborda la cuestión del desfase horario como algo inevitable. Cuando te abroches el cinturón, pon el reloj a la hora de vuestro lugar de destino y, durante el resto del viaje, descansa y olvídate de la hora que es en casa. Alienta a tus hijos a echar cabezadas y ten comida a mano para ellos. Luego, cuando aterricéis, no caigáis en la tentación de «descansar del viaje». Seguid adelante y empapaos tanto como podáis de sol y aire. Cenad y acostaos a vuestra hora habitual en la nueva zona horaria.

Tercero, y tal vez lo más importante, bebe agua. Antes del vuelo, en su transcurso y después de éste, bebe entre seis y ocho vasos de agua al día. Alienta a tus hijos a hacerlo. Como resultado, irán más a menudo al baño, pero merece la pena porque el bienestar es mucho mayor. Cuando viajes por carretera, lleva una cantimplora y llénala cada vez que sea necesario. Estar hidratado ayuda en gran manera a las reacciones del cuerpo ante los rigores del viaje.

Sé flexible. Si crees que estáis haciendo demasiadas cosas, que el hotel no es adecuado o que la carretera está en malas condiciones, haz los cambios pertinentes. O si encuentras un lugar ideal, oyes hablar de un interesante recorrido o quieres explorar una zona más tiempo del que tenías previsto, manténte abierta a la posibilidad de modificar los planes. Deja espacio a la espontaneidad en vuestro itinerario y os divertiréis mucho más.

Y lo más importante de todo: asegúrate de que tanto tú como tus hijos estáis psicológicamente preparados para cualquier cosa, ya sea pérdidas de enlaces aéreos, mal tiempo, material ineficaz o cualquier otra cosa que no vaya como habíais previsto. A veces, un cambio de planes obligado resulta más divertido que el plan original. Con la actitud correcta, podrás encontrar aventura en todo lo que hagas y transmitir esa experiencia a tus hijos.

# 14

## La salud

## 89

### *Encuentra a un médico que te guste*

LA RELACIÓN con el pediatra empieza en el momento en que éste examina por primera vez a tu hijo recién nacido. Desde entonces lo verás durante las visitas mensuales o anuales a los niños y será a él a quien te dirijas cuando tú y los niños seáis más vulnerables, es decir, cuando estén enfermos.

Por eso la elección del médico de cabecera es de vital importancia. A esa persona confías la salud y el bienestar de tus hijos. Es imperativo que el pediatra no sólo sea competente a nivel profesional sino que además te apoye en el plano emocional.

Cuando tengas que elegir a un pediatra, pregunta a otros padres. A veces oirás el mismo nombre repetido una y otra vez. Entrevístate con ese médico y con algún otro.

Uno de los factores más importantes a la hora de elegir a un pediatra es encontrar a alguien con quien comunicarse de una manera fácil y abierta, ante quien sentirse libre para formular todo tipo de preguntas, por triviales que parezcan, sin sentirse estúpido o avergonzado. Los buenos pediatras comprenden que los padres pueden ponerse nerviosos cuando está en juego la salud de sus hijos, por lo que los tranquilizarán y responderán a todas las preguntas que les formulen.

El pediatra que elijas deberá:

Ser accesible y poder desplazarse a tu domicilio.

Caer bien a tu hijo, de tal modo que éste se sienta a gusto.

Hablar directamente con los niños y tranquilizarlos durante sus visitas.

No haceros esperar cuando tenéis visita concertada. Una espera superior a veinte minutos, excepto en casos de emergencia, tiene que comentarse con el médico. Tal vez él no lo sepa y se trate de un problema de su equipo.

Ser por completo accesible en caso de emergencia, o haber dejado a un médico suplente que pueda atender a tu hijo de inmediato.

Contestar a tu llamada en una hora si el niño está muy enfermo. Si no consigues hablar con él, sigue llamando hasta encontrarlo o hablar con alguien a quien comunicar tus preocupaciones. Si no es urgente, dale tiempo para llamar hasta el final de la jornada laboral.

Ser capaz de reconocer los síntomas de desequilibrio emocional o mental. Las revisiones anuales de tus hijos deben incluir siempre una conversación amistosa con el médico acerca de cómo van las cosas. Un buen pediatra presta especial atención a la manera en que el niño responde a las preguntas y también a lo que tiene que decir.

Recuerda que ésta es una relación de respeto mutuo y que, para que así sea, se requiere la voluntad por ambas partes. Expresa tus preocupaciones, haz preguntas; cuando no te sientas satisfecha, cuéntaselo al médico y dile por qué; resuelve diferencias y trabajad juntos por el bien de los chicos. Formula directamente los temas con los que no te sientas de acuerdo, y si después de discutir tus preocupaciones sigues sin tranquilizarte, cambia de médico.

Con un pediatra en el que poder confiar, alguien competente y a quien poder recurrir cuando te preocupe la salud o la conducta de tu hijo, las otras esferas de la crianza de los hijos se simplifican en gran manera.

## 90

### *Enseña a tus hijos a comer bien y sano*

Es MUCHO MÁS FÁCIL tener un niño sano que cuidar a uno enfermo.

Una dieta equilibrada y el abundante ejercicio físico son los factores fundamentales para la salud general del niño. Ten siempre a mano fruta y frutos secos. Una lectora me ha dicho que sus hijos saben dónde encontrar siempre alimentos sanos. Tan pronto como aprendieron a abrir el frigorífico, ella empezó a dejar verduras cortadas en un recipiente en la estantería inferior.

No compres comida basura, y sé muy selectiva con los alimentos que tienes en casa. Predica con el ejemplo. Si pueden acceder fácilmente a la comida basura y ven que te pasas el día picoteando dulces y patatas fritas y bebes refrescos, ellos querrán hacer lo mismo. De esa manera aumenta mucho la posibilidad de que sean obesos de adultos y desarrollen una serie de problemas de salud.

Piensa en las necesidades de nutrición de tu hijo, pero no te preocupes excesivamente si de vez en cuando cae en algún extraño hábito alimentario, como el de comer una sola cosa tres veces al día durante tres semanas. Por ejemplo, entre el año y medio y los cinco o seis años, un niño puede decidir no comer nada que tenga color. Los pediatras lo llaman la «dieta blanca». Pasta, pan blanco, leche, queso, yogur, pavo, pollo, manzanas (peladas, por supuesto, de su nociva piel roja o verde), plátanos, crêpes, a veces huevos duros o revueltos, son los alimentos que componen esta dieta. Por razones que desafían toda lógica, estos niños no se ven afectados por los colores del chocolate y otros dulces.

Estas fases pueden durar semanas o meses. Si tu hijo pasa una fase como ésta, ofrécele un buen trozo de jugosa sandía, una fresa o una uva negra. Con el tiempo, irá añadiendo otros alimentos a su dieta. Mira lo que come en una semana, en vez de cada día, para asegurarte de que su cuerpo obtiene la cantidad de vitaminas y minerales que necesita.

La medicina preventiva incluye además las revisiones físicas anuales, las vacunas y los exámenes de la vista y de los dientes. Significa además evitar o reducir el riesgo de caries y enfermedades de las encías enseñándoles a utilizar el cepillo de dientes al menos dos veces al día y la seda dental cuando ya tengan los dientes permanentes. Significa enseñarles que los ruidos fuertes, como las radios o los estéreos a gran volumen, pueden dañar sus oídos mucho más deprisa de lo que creen. Y significa asegurarse de que los zapatos les van bien para que no tengan problemas en los pies.

Proponte que tus hijos adquieran la buena costumbre de cuidar de su cuerpo desde muy pequeños, y de ese modo se harán adultos sanos y estarán en buena forma.

# 91

## *Sigue unas normas básicas de seguridad*

PREVENIR ACCIDENTES es más fácil que tratar a un niño herido. Es necesario reducir al máximo todos los riesgos que puedan encontrar los chicos y, cuando crezcan, enseñarles qué situaciones pueden resultar peligrosas y cómo evitarlas.

Si alguna vez has visto a un niño comer tierra, beber el contenido de un frasco de medicamento o perseguir al gato por la carretera, ya sabrás lo importante que es la supervisión y los recordatorios acerca de lo que es seguro y lo que no lo es.

No bajes la guardia ni un segundo. En cualquier momento un niño puede cruzar corriendo la carretera, caerse por la escalera o tirar una olla hirviendo del fuego. La vigilancia es esencial, como también lo es la paciencia. Para los padres, el tiempo peor es cuando los niños empiezan a andar. Asegúrate de tomar los descansos necesarios (apartado 8) para poder estar siempre alerta.

He aquí unas orientaciones:

Cuando el niño sea un bebé, utiliza cunas, asientos de coche y cochecitos de ruedas que cumplan las normas de seguridad. Utiliza los asientos de coche diseñados para la edad y el peso de cada niño. Acostúmbrate a llevar a tus hijos en el asiento trasero hasta que puedan utilizar un cinturón de seguridad para adultos. Los airbags en el asiento del pasajero pueden herir gravemente o matar a un niño pequeño. Si tu coche tiene airbag, sienta a los niños detrás.

Cuando los bebés empiezan a gatear, se vuelven mucho más propensos a las heridas. Pon protecciones en las ventanas y barreras en las escaleras cuando sea necesario. Comprueba si la casa es segura poniéndote de rodillas y gateando para ver los peligros potenciales que pueda correr tu hijo. Cierra armarios, mueve de sitio macetas, cierra puertas, cubre los enchufes eléctricos, quita de en medio los objetos peligrosos y vigila al pequeño todos los segundos del día para asegurarte de que sobrevive a esta temeraria edad.

Asegúrate de tener cerrados bajo llave todos los medicamentos y productos de limpieza.

Mantén a tus hijos alejados de la cocina, sobre todo si se trata de una placa vitrocerámica y no se ve si está encendida o apagada.

Enseña a nadar a tus hijos. Muéstrales cuáles son las partes hondas y las poco profundas de la playa o la piscina. Alértalos acerca de las corrientes y los calambres y asegúrate de que sabrían qué hacer en caso de emergencia. Nunca dejes a un niño nadando solo, y enséñale a que sienta respeto del agua. La hija de una amiga perdió a dos amigos que salieron a remar un día de invierno sin conocer los peligros de la hipotermia. El bote se volcó, y ambos murieron a pocos metros de la costa.

Cuando los chicos practiquen deporte, asegúrate de que utilicen equipamiento seguro: casco para montar en bicicleta, a caballo o para jugar al fútbol americano, rodilleras y muñequeras para los patines, salvavidas para salir en bote, etcétera.

Enseña a tus hijos las normas de la circulación, tanto para ir caminando como para ir en bicicleta.

Asegúrate de que saben qué hacer si algún amigo o desconocido sugiere algo inadecuado o peligroso, sobre todo en lo que se refiere al alcohol, las drogas o la mala conducta sexual.

Procura que te cuenten todo lo inadecuado o doloroso que les haya ocurrido, sobre todo si les han amenazado para que no hablen. Responde con calma a fin de que no se traumaticen aún más por tu reacción.

Ayuda a tus hijos a desarrollar estrategias para resistir la presión de los compañeros. Han de aprender a no seguir a alguien que tenga una conducta imprudente, ya sea con las drogas, el alcohol, las armas de fuego, los fuegos artificiales, los actos vandálicos y las apuestas con los coches. Juega con ellos a escenificar estas situaciones peligrosas y otras similares. Asegúrate de que saben que, de encontrarlos en una situación de ese tipo, te los llevarás sin mediar palabra.

Los accidentes de coche son un factor de alto riesgo en las vidas de los adolescentes. Con demasiada frecuencia, el alcohol, las carreras alocadas, la falta de respeto por las normas de circulación o por los derechos de los otros conductores provocan accidentes fatales entre los jóvenes. Enseña a tu hijo a conducir de una manera segura. Los privilegios de usar el coche son una recompensa a la conducta madura y responsable, y se deben revocar si el chico demuestra que no está preparado para esa responsabilidad. Está en peligro su vida, por lo que no es momento para la condescendencia.

Con su propia experiencia y la ayuda de los padres, el bebé que empieza a caminar se convierte en un niño con sentido común. Al llegar a los tres años, puedes dejarlo solo jugando al aire libre durante un breve período siempre y cuando estés cerca para supervisarlo. Al crecer, los chicos se vuelven más listos. Pero nunca des por supuesto que tu hijo podrá afrontar de una forma segura una situación de la que nunca hayáis hablado. Ya se trate de nadar donde cubre el agua en la piscina, subir a un coche con unos desconocidos o ir en bicicleta sin casco, la vida puede ser peligrosa para los niños que no han aprendido las normas básicas de seguridad.

## 92

### *Afecciones comunes que debes tener en cuenta*

CASI TODAS LAS ENFERMEDADES infantiles están provocadas por un germen que ataca y cuyos síntomas sólo los cura el tiempo. Pero cuando el niño está sufriendo en plena noche, siempre hay remedios caseros y medicamentos que se venden sin receta para poder aliviarlo. En éste y en los apartados siguientes encontrarás toda la información que ha reunido Vera trabajando durante diecisiete años con su pediatra, el doctor Norman Weinberger. Antes de administrar un medicamento, consulta a tu pediatra para saber qué afección tiene que tratar. Nunca des un medicamento a un bebé si no te lo ha recomendado el médico.

*Resfriados y gripes:* Poco puede hacerse a excepción de poner cómodo al niño. Muchos médicos recomiendan acetaminofeno o ibuprofeno para bajar la fiebre. Sin embargo, permitir que una fiebre moderada haga su curso es beneficioso, ya que el aumento de temperatura es señal de que el cuerpo está combatiendo la infección. Hazle tomar líquido en abundancia.

*Virus estomacales:* Permite que el sistema digestivo descanse por un tiempo, y luego empieza con pequeñas cantidades de líquidos claros. Durante las veinticuatro horas siguientes, hazle seguir una dieta suave. Evita los productos lácteos y los alimentos grasos e indigestos. Si el niño no retiene la comida, vigila que no se deshidrate. Hazle chupar cubitos de hielo o polos. Ten a mano Gatorade para darle todos los nutrientes.

*Dolor de garganta:* Que haga gárgaras con agua caliente y sal. Consulta a tu médico para descartar que sea una inflamación séptica.

*Crup catarral:* El crup catarral es un tipo especial de tos que se debe a una infección de la laringe. Muchos padres no conocen este tipo de tos y se asustan cuando lo oyen por primera vez, como le ocurrió a Vera, que despertó una noche por una tos que sonaba como los gritos de una foca en apuros. Le horrorizó encontrar a Peter con problemas para respirar y presa del pánico por lo que le estaba sucediendo.

No te asustes por el sonido de la tos o la respiración acelerada y la difícil inhalación de aire que conlleva. Satura de vapor el cuarto de baño, llenando la bañera con agua caliente o abriendo la ducha, y sienta al niño en el baño hasta que remita el ataque de tos. Si esto no funciona, envuélvelo en unas mantas y sácalo unos minutos al frío de la noche. Si eso tampoco funciona, llama al médico o ve al hospital más cercano. Lo más importante es no perder la calma, ya que esa tos suena mucho más grave de lo que es en realidad.

*Dolor de oídos:* Muchos niños no notan esta molestia hasta que se van a dormir y luego se despiertan por el dolor. No se trata de una urgencia, pero intenta que el niño no sufra. Utiliza gotas óticas, que se aplican directamente en el oído, para aliviar el dolor. También alivian las almohadillas eléctricas y recostar al niño sobre el otro oído, para que el dolorido pueda drenar. Concierta una cita con el médico para el día siguiente.

*Dolores del crecimiento:* Muchos chicos se quejan de dolores en las articulaciones cuando pasan por fases de crecimiento, pero también pueden ser síntomas de la enfermedad de Lyme o de otras afecciones graves. Alivia el dolor con analgésicos y la almohadilla eléctrica, pero si se prolongan unos días o tienes dudas acerca de la causa de estos dolores, llama al médico.

*Problemas de la piel:* Hay tantas afecciones dermatológicas que lo mejor es estudiar cada caso individualmente. Pide a tu pediatra que examine si puede haber alguna causa subyacente, como una alergia, una infección vírica, la enfermedad de Lyme, la varicela, el sarpullido del calor, la picadura de algún insecto o urticaria. Los picores pueden aliviarse con Benadryl, disponible en forma de cápsulas o en solución. Un baño de avena contribuye a calmar el picor de la varicela.

## 93

### *Remedios, pociones y otros productos que debes tener a mano*

Es MEDIANOCHE, el niño tiene fiebre y llora cada vez que se tumba porque le duele el oído. ¿Qué hacer?

Muchos síntomas dolorosos de enfermedades comunes pueden aliviarse con remedios que deben tenerse en casa para tales emergencias. Hay un buen número de medicamentos que pueden comprarse sin receta médica. Consulta primero al pediatra, pero he aquí unos cuantos fármacos que te aconsejo tener a mano:

*Analgésicos.* Para aliviar dolores y bajar la fiebre, el médico seguramente te recomendará acetaminofeno o ibuprofeno, ambos igualmente eficaces. Nunca des aspirinas a los niños: la combinación de la aspirina con una afección vírica aumenta espectacularmente el riesgo de una enfermedad muy grave, llamada síndrome de Reye.

*Supositorios de acetaminofeno.* Ayudan a bajar la fiebre cuando el niño vomita y su cuerpo no tolera alimentos.

*Descongestionantes.* Los descongestionantes van bien a algunos niños y a otros no; a unos los deja sobreexcitables, a otros soñolientos. Pide consejo al pediatra. Si utilizas un descongestionante, lee detenidamente las instrucciones antes de usarlo.

*Aerosoles nasales salinos.* Son un perfecto lubricante para las narices secas y con costras y pueden utilizarlo niños de todas las edades.

*Gotas para el oído.* Son analgésicas y permitirán dormir al niño. Estas gotas no curarán la infección subyacente, por lo que llama al médico al día siguiente aun cuando tu hijo se sienta mejor.

*Benadryl.* Es un antihistamínico que se administra para aliviar los síntomas de una alergia. Para muchos chicos, el Benadryl es también muy útil como descongestionante. Asimismo, te será de gran ayuda cuando ya no sepas qué hacer con un niño que no puede dormir porque tiene la nariz congestionada o dolor de oído.

*Betadine.* Es un líquido antiséptico para aplicar a las heridas después de haberlas lavado meticulosamente con agua y jabón.

*Neo Bacitrin.* Una pomada tópica para evitar las infecciones y combatir algunos sarpullidos.

*Alguna pomada antifúngica,* que obran maravillas en el pie de atleta y algunos eccemas del pañal persistentes. Consulta primero al médico para saber si lo que estás tratando es una infección causada por hongos.

*Alguna pomada de uso tópico* para aliviar picores de sarpullidos o picaduras de insectos.

*Gatorade, Isostar y similares.* Bebidas energéticas llenas de electrólitos para un niño que ha perdido mucho líquido por vómitos o diarreas. Restituyen muchos de los nutrientes esenciales y ayudan a la recuperación.

*Jarabe de ipecacuana.* Provoca el vómito en caso de envenenamiento, pero ten en cuenta que algunos venenos queman al ser ingeridos y que si fuerzas el vómito todavía causarás más daño. Contacta con el centro de información de envenenamientos de tu comunidad.

*Las tiritas adhesivas,* de todas formas y tamaños, más gasas y esparadrapo.

Procúrate un termómetro. Los mejores son los antiguos de cristal con la bola de mercurio en su interior. Los termómetros digitales son muy prácticos pero menos precisos. La temperatura rectal es la más exacta, porque la que se toma en la boca o en la axila puede estar influida por otros factores.

He hablado con muchos padres que nunca han tomado la temperatura rectal a sus hijos. Es mucho más fácil hacerlo oralmente, y la temperatura puede ser tan exacta como la rectal, aunque la oral suele ser un grado más baja. Tomada en la axila, la temperatura será de dos grados menos. Mientras des el pecho o el biberón al bebé, puedes tomarle la temperatura en la axila.

Asegúrate de que todos los medicamentos están fuera del alcance de los niños pequeños, que pueden confundir las pastillas con caramelos. Y nunca le metas en la cabeza la idea de que la medicina que le darás sabe a caramelo.

Lee detenidamente las etiquetas de todos los medicamentos y sigue las instrucciones adecuadas a la edad y el peso de tu hijo. Y mantén el contacto con el pediatra para que te recomiende nuevos remedios que aparezcan y las dosis apropiadas de éstos.

Si tienes alguna duda o pregunta, llama a tu médico.

# 94

## Cuándo llamar al médico

LLAMA AL MÉDICO siempre que quieras formularle alguna pregunta sobre la salud de tu hijo. La preocupación es motivo suficiente para telefonear. Tú conoces a tu hijo mejor que nadie y por eso eres el mejor juez para determinar si algo no va bien, ya sea físicamente o en su conducta. Confía en tu intuición.

No te dé «vergüenza» molestar al doctor. Para eso está. Si tu preocupación es de poca importancia, tal vez la enfermera o la asistente sanitaria podrán ayudarte. Para cuestiones más graves, insiste en hablar con el médico.

Los síntomas siguientes deberán tomarse siempre en serio:

*Dolor de oídos.* Los niños, sobre todo los menores de cinco años, padecen muchas infecciones de oído. Los bebés, que no saben hablar y decir qué les duele, se tiran de las orejas, se ponen irritables y les cuesta dormir. Cuando están tumbados el fluido no circula y la presión resultante puede causar mucho dolor. También la falta de apetito puede ser señal de infección en los oídos.

*Dolores de garganta.* Si estás segura de que el dolor de garganta de tu hijo no se debe a un resfriado, tendrán que hacerle un cultivo de garganta para descartar que se trate de una inflamación séptica. Una inflamación séptica mal tratada puede provocar problemas de corazón.

*Afecciones de los ojos.* La conjuntivitis produce un enrojecimiento del blanco del ojo y la formación de pus. A veces, cuando un niño se despierta con conjuntivitis, tiene los ojos pegados y no puede abrirlos. En caso de problemas en los ojos, lo mejor es consultar siempre al médico.

*Dolores abdominales.* Si crees que puede tratarse de una apendicitis, consulta al médico. Entre los síntomas se cuentan los vómitos, la fiebre, los dolores agudos en la parte baja del abdomen, sobre todo en el lado derecho.

*Vómitos y diarreas persistentes.* Si el niño ha estado vomitando o sus heces son muy sueltas y tiene frecuentes movimientos intestinales, corre el peligro de deshidratarse. Entre los síntomas de la deshidratación figuran la reducción de la orina, la ausencia de lágrimas y la piel y la boca muy secas. Si no se atiende, puede convertirse en una enfermedad seria (un niño puede perder hasta el diez por ciento de su peso con una diarrea).

*Malestar general.* Dificultad para respirar y un dolor que no cesa. Cualquier tipo de malestar agudo tiene que ser atendido de inmediato por el médico.

*Lo inexplicable.* Si tu hijo no presenta otros síntomas pero, de repente, está letárgico, hiperactivo o torpe, y te preocupa ese tipo de actitud, llama enseguida al médico. A veces las enfermedades graves tienen síntomas muy sutiles. Los cambios de conducta son los primeros síntomas de una depresión, consumo de drogas, trastornos alimentarios y otras afecciones que siempre necesitan cuidado médico.

*Fiebre.* Se considera fiebre la temperatura rectal de 38 grados centígrados utilizando un termómetro de cristal con bola de mercurio. Si tu hijo tiene seis meses o menos, o delira, llama inmediatamente al médico. De otro modo, se trata de una reacción natural del cuerpo para luchar contra las infecciones.

Muchos padres asocian la fiebre alta con las convulsiones, pero debes saber que éstas pueden darse a partir de los 39 grados. Las convulsiones están relacionadas con las altas temperaturas y también con los cambios rápidos de temperatura. Tu pediatra te dirá seguramente que si el único síntoma de tu hijo es la fiebre, no tendrás que visitarlo.

*Jaquecas.* Las jaquecas graves, especialmente si van acompañadas de rigidez en el cuello y sensibilidad a la luz, son síntomas de meningitis.

*Sarpullidos.* Algunos sarpullidos aparecen y desaparecen en cuestión de horas, pero otros son síntomas de enfermedades importantes. La enfermedad de Lyme, que se caracteriza por un sarpullido en forma de círculos concéntricos, puede ser muy debilitante si no se trata enseguida. Ve al médico ante cualquier afección de la piel que te parezca extraña o que dure más de tres días.

*Cualquier síntoma que dure más de cuatro días.* Las enfermedades víricas como los resfriados duran entre cinco y diez días. Si los síntomas persisten, pueden desarrollarse complicaciones y serán necesarios los cuidados médicos.

Pide una segunda opinión o visita a un especialista cuando lo creas conveniente. Los padres son los mejores defensores de la salud de los hijos, y los servicios sanitarios oficiales pueden parecer demasiado impersonales y burocratizados. Si escoges bien a tu pediatra, éste te será de gran ayuda para que el niño pueda acceder al tratamiento que necesite.

# 95

# Qué hacer ante una emergencia

Es útil saber qué enfermedades necesitan cuidados de urgencia, cuáles pueden esperar a la visita del doctor a la mañana siguiente y qué hacer si te encuentras en una de estas emergencias:

*Dificultades respiratorias.* Las dificultades respiratorias de todo tipo tienen que tratarse inmediatamente. Incluso un niño acostumbrado a una forma leve de crup catarral o asma puede tener un episodio mucho más grave que requiera intervención médica. Una grave reacción alérgica puede impedir la respiración normal de un niño, así como también el hecho de atragantarse con la comida o la bebida.

*Dolores agudos.* Ante cualquier dolor agudo más allá de lo que consideres normal o que no remita, acude inmediatamente al médico.

*Hemorragias.* Las hemorragias abundantes tienen que cortarse al instante y ser tratadas. Algunas heridas profundas no sangran tanto, pero necesitan cuidados de urgencia antes de que provoquen problemas más serios. Los rastros de sangre en la saliva, el vómito, la orina o las heces de un niño son síntoma de hemorragia interna. Llévalo al médico inmediatamente.

*Accidentes.* Si tu hijo ha sufrido cualquier tipo de accidente, llévalo a que lo examinen de inmediato. Tal vez necesite tratamiento para el shock y también sabrás si sufre alguna lesión interna. Por la misma razón, llama al médico si se ha hecho alguna contusión con dolor y malestar, aunque no haya señales en la piel, como un golpe fuerte en la cabeza o una patada en el estómago.

*Alteraciones de la conciencia.* Si tu hijo está inconsciente, necesitará ayuda inmediatamente, pero considera una urgencia cualquier alteración de su nivel de conciencia. Hay estados críticos, como las sobredosis de droga, el envenenamiento por alcohol y las meningitis, entre otros, que afectan a la conciencia del niño. Tú eres quien mejor puede juzgar los diversos estados de ánimo y niveles de energía de tu hijo. Pide ayuda cuando creas que su conducta no es normal.

*Envenenamientos.* Llama al médico o al servicio de tu comunidad tan pronto como descubras que tu hijo ha tomado algo fuera de lo corriente. (Ten esos dos números en tu lista de teléfonos de urgencia.) Infórmate de qué productos domésticos son peligrosos, como la lejía, el amoníaco e incluso algunas plantas, entre muchos otros.

Si sospechas que tu hijo ha tomado demasiadas tabletas masticables de un medicamento, llévalo al médico enseguida ya que, en cantidades que nunca considerarías importantes, esas tabletas pueden causar problemas hepáticos. Ten a mano jarabe de ipecacuana para inducir el vómito, pero recuerda no utilizarlo si no es por orden expresa del toxicólogo.

*Quemaduras.* Las quemaduras deben someterse a examen de inmediato para poder evaluarlas y tratarlas de la manera adecuada. Mojar la zona con agua helada impedirá que la quemadura duela más, pero nunca apliques hielo directamente a la zona afectada. Luego, pide asistencia médica enseguida. Las quemaduras graves no pueden ni deben tratarse en casa.

Los fracturas de huesos y los esguinces han de ser examinados y tratados de inmediato.

El fuego, las descargas eléctricas, la asfixia, las picaduras de insectos y las mordeduras de animales son accidentes que pueden ocurrir a cualquier miembro de la familia. Lo primero que hay que hacer es estar preparado, y para ello lo mejor es que tanto los padres como los niños más mayores hagan un cursillo de primeros auxilios a fin de saber qué hacer antes de que llegue el médico.

Si es necesario, pon alarmas de humo en tu casa y enseña a tus hijos qué se debe hacer en caso de incendio. Haced ejercicios de simulacro de incendios, igual que los hacen en el colegio. Si tienes un extintor, enséñales su funcionamiento. Nunca los dejes jugar con cerillas.

Por pequeños que sean tus hijos, tienen que saber marcar el número de los bomberos, y toda la familia, tanto los mayores como los pequeños, han de saber qué información dar a ese número cuando se produzca una emergencia. Y ten una lista de números a los que llamar en caso de urgencia junto al teléfono principal a la que todos puedan acceder fácilmente.

## 96

### *Considera las terapias alternativas*

LA ACUPUNTURA, la digitopuntura, el masaje, la homeopatía, la quiropráctica, la hidroterapia, las terapias de luz y sonido, de vitaminas, las hierbas y otras terapias alternativas ganan cada vez más popularidad. Muchas de ellas pueden ser eficaces a la hora de proporcionar alivio a diversas enfermedades y dolores. Pero como la mayoría de estos tratamientos no están regulados y muchos de sus practicantes no tienen permiso para ejercer, deberás ir con mucho cuidado a la hora de seleccionar uno.

Muchos médicos que practican la medicina occidental tradicional desprecian estas terapias alternativas, por lo que tal vez te sientas reacia a preguntarle a tu médico por ellas antes de probarlas. Hay que enterarse de sus peligros potenciales, si los tienen. Casi siempre, el médico te dirá que hagas lo que quieras y te deseará buena suerte.

El año pasado, al empezar la escuela, Peter sufría unas jaquecas horrorosas. La medicina tradicional no tenía nada que ofrecerle, así que Vera lo llevó a un masajista y, después de un par de sesiones, las jaquecas desaparecieron. Estaban causadas por unos espasmos musculares en el cuello y en los hombros. En vez de tratar estos síntomas, el masaje eliminó la causa que los provocaba.

Cuando elijas a un terapeuta alternativo, pide referencias personales y profesionales y utiliza el sentido común. Emplea los mismos criterios que para buscar a un pediatra: consulta sus credenciales, referencias, estudios y experiencia. Ten cuidado con los entusiastas acérrimos de estas prácticas que creen que todas las enfermedades pueden curarse con la forma de terapia que practican.

## 97

### Qué hacer cuando el niño está enfermo

EN EL MEJOR DE LOS CASOS, el día se te complicará lo indecible. Cuando un niño está enfermo, toda la rutina que con tanto esfuerzo has conseguido establecer se verá alterada. Un niño enfermo requiere atención y cuidados constantes, y deberás concentrarte en sus necesidades antes que en ninguna otra cosa, una tarea casi imposible cuando tanto el padre como la madre trabajan fuera de casa.

Lo primero que debes hacer cuando tu hijo no se sienta bien es determinar qué le ocurre y decidir si hay que llamar o no al médico. Luego pon cómodo al pequeño; si el médico le ha recetado una medicina, adminístrasela, mételo en la cama y dale abundantes líquidos.

Si trabajas fuera de casa, tendrás que buscar refuerzos, por lo que deberás organizarte de antemano. Una vecina, un familiar o una madre que no trabaje podrán ayudarte si tu canguro habitual está ocupada. Intenta encontrar un empleo en el que tu jefe comprenda que tal vez haya días en que tengas que quedarte en casa cuidando de un hijo enfermo. No dejes solo en casa a un niño enfermo porque nunca se sabe lo que puede ocurrir.

Si la enfermedad es grave o el niño tiene que ser ingresado en el hospital, deja de lado todo lo demás y entrégate por completo al niño. Infórmate constantemente del curso de la enfermedad.

Muchos hospitales realizan un recorrido del centro con los niños para que se vayan haciendo una idea de lo que va a ocurrir. De ese modo, pasan mucho menos miedo. Aprovéchate de estos programas, ya que alivian la ansiedad del niño. El año pasado, Andrew tuvo que ser operado del oído, y el recorrido que realizó antes fue tranquilizador tanto para él como para sus padres. Haz todas las preguntas que consideres necesarias para estar bien informada y no permitas que el personal sanitario te haga caso omiso o te intimide.

Asegúrate de no premiar las enfermedades. Cuando yo era pequeña, si nos quedábamos en casa y no íbamos a la escuela, la política de mi madre era proporcionarnos su compañía y los cuidados que el médico había indicado, pero teníamos que quedarnos en cama, descansar, beber líquidos en abundancia y seguir una dieta blanca. Rara vez estábamos enfermos y nunca por mucho tiempo, ya que el premio por estarlo era inexistente.

# 98

## Educa a tus hijos en el sexo

HAY DOS ESFERAS DISTINTAS en la sexualidad que deberás abordar con tus hijos. La primera consiste en enseñarles el funcionamiento de sus cuerpos. Explícales de una manera sencilla las diferencias que hay entre ser un chico o una chica.

Háblales de su anatomía, de los cambios que experimentarán en su camino a la madurez y explícales qué tipos de sensaciones sexuales pueden experimentar durante la infancia y la adolescencia. Muéstrales dibujos y enséñales a distinguir los distintos órganos sexuales.

La segunda esfera de discusión son las relaciones sexuales. El coito desempeña un papel muy importante en ellas, pero debe ser presentado dentro de la imagen total de las relaciones sexuales: el respeto por la pareja, la responsabilidad de la relación, el nivel de compromiso que debe conllevar, la comprensión profunda del lado emocional de una relación sexual y la necesidad de evitar el embarazo y las enfermedades.

Son temas que no puedes dejar en manos de la escuela. Los valores de los padres no están presentes en una clase de educación sexual, y es probable que los hijos tengan preguntas que, por vergüenza, no se atrevan a formular ante sus compañeros de clase. Si no hablas sinceramente con ellos de este tema, no sabrás qué otras cosas quieren saber.

Es posible que nunca hayas hablado de sexo con tus padres y te incomode o avergüence hacerlo con tus hijos; pero como me han dicho muchos pediatras, coge el toro por los cuernos y decídete a hacerlo. Cuando crezcan, la falta de información sobre el embarazo o el sida puede afectar de manera drástica a la vida de tus hijos.

He aquí unas cuantas ideas para facilitar estas charlas:

Empieza a educarlos sexualmente desde muy pequeños. Asegúrate de que conocen los nombres adecuados de cada parte del cuerpo.

A partir de los cinco o seis años ved juntos vídeos de educación sexual. Hay numerosos libros y vídeos sobre sexualidad para niños de todas las edades. Examínalos primero para encontrar los que tengan un enfoque con el que estés de acuerdo.

Infórmate. Lee sobre el tema y piensa en maneras de responder a tus hijos cuando éstos empiecen a preguntar por sus cuerpos o de dónde vienen los niños. Responde con sinceridad y sencillez, pero no les des información que no hayan pedido. Cuando quieran saber más, ellos mismos te lo harán saber, sobre todo si has mantenido abiertos los canales de comunicación con una conducta natural y directa en tus respuestas. Recurre a los vídeos y libros de educación sexual siempre que lo necesites.

Cuando el interés por el sexo opuesto se hace evidente, ten una charla con tu hijo.

Háblale del respeto, la responsabilidad, los sentimientos y las consecuencias emocionales, así como del embarazo y las enfermedades de transmisión sexual. Habla de la homosexualidad. Procura hacer todo lo que sea necesario para que tu hijo se sienta seguro y feliz. A los adolescentes tendrás que hablarles también de las violaciones, enseñarles a defenderse de los acosos indeseados y a examinar sus sentimientos y emociones.

A muchos padres les preocupa el hecho de que si hablan de sexo y de control de la natalidad con sus hijos, esto signifique que permiten las relaciones sexuales prematuras. Sin embargo, puedes hablar de una manera sincera y dejar muy claro cuál es tu postura al respecto. Y lo que es más importante, unos estudios realizados por el Instituto de Medicina de la Academia Nacional de Ciencias de Estados Unidos han demostrado que los niños que no han recibido educación sexual son los que se encuentran con embarazos no deseados en la adolescencia o contraen el sida u otras enfermedades de transmisión sexual.

Además, si los chicos están informados y saben cuál es la conducta sexual adecuada, tendrán un mayor control sobre su cuerpo. Esta educación sexual les proporciona la comprensión necesaria para impedir acosos no deseados de compañeros y adultos.

Muchos padres creen que, como sus hijos han visto tanto sexo en televisión o han hablado del tema con los amigos, ya saben todo lo que necesitan saber al respecto. Esta conclusión es falsa y engañosa y, por otro lado, si dejas que sean los programas explícitamente sexuales los que informen a tus hijos, nunca podrás impartirles tus normas morales ni responder a sus preguntas.

La cuestión básica es que, con el tiempo, tus hijos tendrán relaciones sexuales, antes o después del matrimonio, y que cuando las tengan, deberán estar bien informados. Tú no podrás tomar decisiones por ellos, pero tendrás que haberles enseñado a evitar errores inmensos que cambiarían toda su vida.

Recuerda que el sexo es algo normal y saludable y que, como padres, nuestra misión es ayudar a nuestros hijos a que se conviertan en adultos maduros y sexualmente responsables.

# 99

# *Prohíbe los cigarrillos, el alcohol y las drogas*

UNOS ESTUDIOS REALIZADOS por el Centro Nacional de Adicciones y Abuso de Sustancias de la Universidad de Columbia demuestran que los niños que no fuman, ni beben ni consumen drogas entre los diez y los veinte años, probablemente nunca lo harán. El informe de Surgeon General de 1994 afirma que fumar cigarrillos puede llevar al consumo de drogas y alcohol. Muchos de los consumidores de marihuana empezaron fumando cigarrillos, y otros consumidores de drogas más duras empezaron fumando hierba. A menudo, el consumo de una sustancia lleva al consumo y a la experimentación con otras sustancias.

Por ello, la mejor estrategia es asegurarte de que tus adolescentes no empiecen a fumar, beber o consumir drogas. He aquí unos consejos para conseguirlo:

El paso más importante que debe darse para mantener alejados de la droga a los chicos es dejarles claro que fumar, beber y consumir drogas está prohibido y siempre lo estará. Prohíbe esa conducta en casa. Una actitud despreocupada de los padres a este respecto transmite mensajes equivocados a los hijos. El estudio de la Universidad de Columbia demuestra que los chicos cuyos padres prohíben firmemente la droga tienen muchas menos probabilidades de experimentar con ellas que aquellos cuyos padres no las prohíben.

Predica con el ejemplo. Si los padres no fuman ni beben, es improbable que los hijos empiecen a hacerlo. Si bebes, hazlo de una forma responsable y con moderación. No dejes que tus hijos te vean bebida ni que te oigan decir que necesitas una copa.

Cuando tus hijos tengan entre nueve y once años, empieza a hablarles del peligro del consumo de drogas. Repite estas lecciones de una manera periódica mientras crecen.

Evita decirles directamente a tus hijos que no te gustan los amigos que tienen porque, automáticamente, dejarán de hablarte de ellos y de las actividades que realicen juntos.

Procura conocer a los amigos de tus hijos. Diles que los traigan a casa. Habla con ellos por mucho que pienses que no tienes nada que hacer con alguien que lleva el cabello rosa y un aro en la nariz. Encuentra un tema de interés común más allá de las apariencias: la música, los deportes, la escuela, los coches o el tiempo. Los conocerás por lo que son, verás cómo se relacionan con tus hijos y sabrás en cuáles puedes confiar. De esa manera podrás supervisar más de cerca a tus hijos y a los amigos de éstos.

Habla con los padres de los amigos de los chicos para ver si tienen unas normas parecidas e imponen unas consecuencias lógicas similares. Haz saber a tus hijos que estás en contacto con los padres de sus amigos. Vera visita con regularidad a los padres de los amigos de sus hijos, sobre todo a los que sólo conoce superficialmente, para asegurarse de que los valores de éstos son compatibles con los de Tim y ella. Si habla con padres que claramente no imponen la misma vigilancia que ella, es mucho más estricta a la hora de permitir que sus chicos vayan a fiestas con ellos o duerman en sus casas.

No dejes a tus hijos solos en casa y asegúrate de estar en ella cuando den una fiesta. Muchos chicos organizan fiestas cuando los adultos no están presentes. Por responsables que sean tus hijos, los otros chicos pueden aprovecharse de la situación.

Cuando tu hijo vaya a una fiesta en casa de un amigo, telefonea para asegurarte de que uno de los padres estará presente y de que no habrá alcohol. Por sorprendente que parezca, hay padres que proporcionan alcohol y cerveza a sus hijos para las fiestas.

Enseña a tus chicos a tomar decisiones responsables independientemente de las presiones de sus compañeros. Escenificad la situación en que pueden encontrarse de modo que aprendan las herramientas verbales para afrontar tales situaciones, y que piensen de antemano cómo reaccionarían en esos casos.

Alienta a tus hijos a practicar deporte y otras actividades extraescolares. Los niños que se dedican a actividades extracurriculares se sienten menos inclinados a probar los cigarrillos, la bebida o las drogas.

Reconoce los síntomas del consumo de drogas. Entre ellos están el descenso del rendimiento escolar, la depresión y el aislamiento de la familia, la aparición de amigos nuevos y quizá problemáticos, la pérdida de interés en aficiones y actividades, los cambios de humor o cambios de conducta inexplicables que no consideres normales en tus hijos.

No te rindas nunca. Aun cuando tu hijo empiece a experimentar con los cigarrillos o lo pesques bebiendo o consumiendo drogas, mantente firme. Impón las consecuencias lógicas, como revocarle los privilegios de usar el coche, sobre todo si lo has descubierto bebiendo o tomando drogas, adelanta el toque de queda, etcétera.

Recurre a la ayuda profesional. Si sospechas que tu hijo bebe o utiliza drogas de manera habitual, busca ayuda de inmediato. Llama a tu médico o a los servicios de información sobre drogas a fin de saber qué pasos dar para afrontar el problema. Los hábitos que se adquieren a esta edad son muy difíciles de erradicar. Soluciona el problema antes de que arruine la vida de toda la familia.

Aleja a tu hijo de la situación cuanto te sea posible. Cámbialo de colegio o mándalo a un campamento de verano. Busca algún tipo de programa de rehabilitación en el que podrá concentrar su atención en otras cosas y aprenderá las técnicas y la autoestima necesarias para no caer en las drogas u otras tentaciones.

El hijo de dieciséis años de una amiga empezó a tener un serio problema con las drogas. De ser un estudiante con las mejores notas pasó a suspender el primer año de carrera universitaria. Después de haberlo probado todo, mi amiga lo sacó de la universidad durante un año y lo mandó a trabajar como voluntario en un bosque de repoblación forestal. En ese año cambió su vida por completo y ahora está terminando la tesis doctoral en física, habiendo realizado un destacado trabajo en este campo.

Manda a tu hijo a vivir con familiares o amigos en otra ciudad, aunque sea durante unas cortas vacaciones, para que cambie de escenario y esté menos expuesto al problema.

Si mandas a tu hijo a vivir con otras personas, tendrás que seguir supervisándolo de cerca. No puedes esperar que otros lo críen con la misma atención y devoción que los padres. Pero si el bienestar y el futuro del chico están en peligro, haz todo lo que esté en tus manos para cambiar la situación.

Trabaja en la autoestima del chico. Un chico con confianza en sí mismo, que cuenta con el amor y la atención de sus padres, que se siente seguro en su entorno escolar y que se dedica a otras actividades no tiene ninguna razón para recurrir a las drogas.

# 15

## Lo más importante
## de todo

# 100

## *Concierta una cita con tu hijo*

LOS ASUNTOS DE LA VIDA cotidiana nos ocupan tanto tiempo que resulta muy fácil caer en la costumbre de dedicar a nuestros hijos el que nos sobra, que a veces es muy poco o ninguno; sin embargo, nuestros chicos merecen lo mejor.

Como hemos visto, pueden hacerse muchas cosas para que la vida con los hijos sea más sencilla y divertida y para tener más tiempo libre que dedicarles. La calidad de vida de toda la familia mejorará en gran manera si cada día dedicas un poco de tiempo a cada uno de tus hijos, aunque sólo sean unos minutos antes de acostarse.

Tim lo descubrió cuando empezó a dedicar diez minutos de atención a sus hijos cada noche justo cuando llegaba del trabajo, antes de que comenzaran las actividades vespertinas. Su relación con ellos cambió de una manera espectacular cuando dejaron de tener que perseguirlo para jugar y vieron que se interesaba por ellos y por lo que hacían.

Muchos padres me han contado que han tomado medidas similares. Una madre me dijo que empezó a hacer un esfuerzo para pasar más tiempo con sus hijas, a las que, de otro modo, apenas veía. Dispuso una zona de juegos en la sala y así, cada noche, cuando regresa del trabajo, les dedica toda su atención durante media hora. Escucha lo que le cuentan acerca de cómo han pasado el día y las deja elegir lo que quieren hacer. Dibujan, pintan o se dedican a otras actividades escogidas por las niñas. Desde que lo hace, sus hijas son mucho más dóciles, y la rivalidad entre ellas ha disminuido en gran manera.

Otra pareja me ha contado que tienen dos hijos, uno de siete y el otro de once años. Desde que eran pequeños, los padres han tenido la costumbre de pasar una hora a la semana con cada uno de ellos. Los lunes por la noche la madre pasa un rato con el pequeño y el padre lo hace con el mayor. Los jueves por la noche lo hacen al revés. De este modo han desarrollado unos fuertes vínculos con los chicos, lo mismo que éstos entre sí, y los padres creen que estos encuentros han contribuido a fortalecer la relación que existe entre todos ellos.

Además del tiempo que pases con tus hijos en el transcurso normal de la vida cotidiana (mientras cocinas, coméis, vais en coche, etcétera), intenta establecer todas las semanas un contacto personal con cada uno de ellos. Deja a un lado obligaciones y actividades menos importantes, como las compras, hablar por teléfono y otras tareas semejantes, y dedica más tiempo a cada hijo. Si cada semana programas estar con él a la misma hora y lo escribes en el calendario familiar, te será más fácil tener esta cita con tu hijo y darle una continuidad en el futuro.

Durante este rato, dedícale toda tu atención: apaga el televisor, deja que el contestador automático atienda las llamadas y elimina cualquier otra distracción. No lo alecciones ni lo riñas; utiliza ese tiempo para hablar de lo que él quiera hablar, jugar a los juegos a los que quiera jugar y leerle los cuentos que quiera oír.

Una cita semanal con cada uno de tus hijos aumentará la calidad de la relación, te permitirá estar al día de sus fases de desarrollo emocional e intelectual y os brindará la oportunidad de conoceros de veras mutuamente. Tus hijos serán más felices y más equilibrados y estarán más dispuestos a aceptar las normas que establezcas. Y tú forjarás con ellos una relación íntima y amorosa que durará toda la vida.

# Epílogo

ESTE LIBRO pretende ser una guía que ayude a los padres a afrontar muchas de las dificultades de la vida actual. El objetivo de los padres tiene que ser crear una vida que los satisfaga con una familia de la que disfruten, un trabajo que les guste, una casa que puedan llevar bien y dinero suficiente para pagar las facturas y para ahorrar de cara a las vacaciones y la jubilación.

Puedes empezar por poner en práctica una de las ideas que aparecen en este libro y que te supondrá un alivio inmediato. Si te identificas con la agotada madre del principio del libro, agobiada por las exigencias de los hijos, un fregadero lleno de platos sucios y un teléfono que no para de sonar, empieza por dejar que sea el contestador automático el que reciba las llamadas. Ese simple paso cambiará el transcurso de toda la velada.

Si te cuesta mucho trabajo sacar a los chicos de la cama y ponerlos en marcha por las mañanas, enséñales a organizarse la ropa y los libros la noche anterior. Y acuéstalos más temprano.

Si pasas las tardes y los fines de semana haciendo de chófer de la familia, reduce las actividades de los niños. Y organiza medios de transporte compartidos con la ayuda de otras familias.

La próxima vez que tu hijo tenga una rabieta, aléjate de él. El espectáculo terminará en cuanto se quede sin público.

Haz una sola cosa a la vez. Una vez que hayas integrado esa costumbre en tu rutina, prueba con otra nueva. No pienses que tienes que utilizar todas las técnicas que he mencionado en el libro. Tal vez necesites algunas mientras que otras no te sirvan. Y con el tiempo descubrirás tus propios métodos para simplificar tu vida y la de tus hijos.

Debes saber que encontrarás resistencia, porque a los niños no les gustan los cambios. Además, si están acostumbrados a salirse con la suya con una rabieta, no les gustará que digas «no» y lo digas en serio. Recuerda, sin embargo, que tus hijos esperan que les aportes una estructura y una firme guía. Cuando las tienen, se sienten seguros y amados, y su conducta cambiará a medida que se habitúen a la nueva rutina.

La simplificación es un proceso continuo. Si reduces los enseres, consigues que los niños ayuden en las tareas domésticas y estimulas su independencia, podrás empezar a organizar el día y la semana sin tener que ir siempre con la lengua fuera y encontrarás tiempo para ti. Con unas cenas agradables, unos baños divertidos y unos mimos antes de acostarse, aprovecharás las efímeras oportunidades que se te presenten cada día de implicarte en la vida de tus hijos y disfrutar de ellos por lo que son.

Si conservas la paciencia y el buen humor ante las rivalidades naturales y las cuestiones de disciplina que casi todas las familias deben afrontar, tendrás más confianza en tu habilidad como progenitor. A medida que esa educación y crianza de los chicos sea más coherente y eficaz, las recompensas serán unos hijos más felices y equilibrados. Y cuando aceptes tu papel de progenitor, aprenderás a disfrutar del presente con la mirada puesta en el futuro y a gozar del mutuo respeto y de los vínculos permanentes que se derivan del ejercicio inteligente de este papel.

## Unas palabras de agradecimiento

ESTOY MUY AGRADECIDA a todos los padres que se han tomado la molestia de leer el manuscrito de este libro y que de una manera tan desinteresada compartieron sus experiencias conmigo, sobre todo a Tim Cole, Elaine y George Zavoico, Jane Dystel, Karin Kirk, Joanie Nicholas, Judie O´Brien, Carolie Noyes, Joni Andrews, Ellen Horsch, Catha Paquette, Joe Phillips y a mi esposo, Wolcott Gibbs, Jr. Doy también las gracias a todos los lectores, profesores, amigos y desconocidos que compartieron conmigo sus ideas sobre el proceso de simplificación.

Mi gratitud más sincera al doctor Norman Weinberger por el tiempo, la energía y la experiencia que dedicó al capítulo de la salud.

También quiero dar las gracias a todo el personal de Andrews McMeel Publishing. Ha sido un placer trabajar con Tom Thornton, Chris Schillig, Jean Zevnik, JuJu Johnson, Esther Kolb y todos los demás compañeros que han colaborado en este libro y que me simplificaron la vida en el proceso.

Y quiero dar las gracias sobre todo a mi querida amiga Vera Cole por su paciencia, dedicación y entrega y por la generosidad de espíritu que aportó a esta obra. Sin ella, este libro no se habría escrito.